QUE SAIS-JE ?

La dépression de l'adolescent

HENRI CHABROL

Ancien chef de clinique
à la Faculté de Médecine de Toulouse

Deuxième édition

1

ISBN 2 13 042964 5

Dépôt légal — 1re édition : 1988
2e édition mise à jour : 1991, août

108, boulevard Saint-Germain, 75006 Paris

INTRODUCTION

Par leur fréquence, la gravité de leur retentissement personnel et social, par le risque de suicide qui leur est lié, les dépressions de l'adolescent représentent un problème majeur de la santé publique.

Voici quelques années, les dépressions de l'adolescent étaient généralement considérées comme rares, d'expression atypique et d'évolution souvent spontanément favorable avec la crise de l'adolescence dont elles n'auraient été qu'un incident. Les acquisitions récentes en donnent maintenant une image inverse : les dépressions de l'adolescent sont fréquentes, leur symptomatologie est en général semblable à celle de l'adulte, leur évolution est souvent prolongée en continuité avec la pathologie de l'adulte, leur gravité est liée à leur retentissement sur le processus de l'adolescence. La psychiatrie et la psychanalyse ont concouru à ce renversement de perspective. La définition récente de critères de diagnostic a suscité de multiples travaux qui commencent à préciser l'épidémiologie, les déterminismes et l'évolution de ces dépressions de l'adolescent. Les traitements psychanalytiques de l'adolescent et de sa famille ont permis de mieux cerner leurs aspects psychodynamiques.

La dépression de l'adolescent apparaît maintenant comme une voie finale commune intégrant des facteurs sociaux, familiaux, psychologiques et biologiques. Les approches psychanalytiques, cognitivo-comportementales et systémiques ont coopéré à la compréhension de leurs interactions et de leurs rôles.

Expression d'une crise du développement, la dépression en représente aussi une rupture et, par son retentissement sur la vie sociale, familiale, scolaire ou professionnelle, elle peut l'infléchir et le fixer dans une issue pathologique.

La gravité potentielle des dépressions de l'adolescent réclame d'en améliorer le dépistage et le traitement. Leur méconnaissance encore fréquente peut être liée aux attitudes de l'adolescent qui ne demande pas directement de l'aide mais aussi à celles des adultes. Trompés par un aspect souvent peu évocateur, la famille, les enseignants, les médecins et les autres professionnels de la santé mentale sont également influencés par le mythe de la jeunesse heureuse (Toolan, 1980) : la dépression de l'adolescent évoque et réveille les souffrances de l'adolescence passée des adultes et provoque des réactions défensives de déni.

Répondant à la pluralité des déterminismes, diverses approches thérapeutiques ont été proposées. Le véritable défi ne consiste plus à opposer ces différentes thérapeutiques dans de vains conflits de pouvoir mais à les examiner sans préjugés, à en préciser les indications et à en évaluer les possibilités de combinaison. Si les psychothérapies analytiques restent le traitement le plus habituellement recommandé, leur association aux traitements biologiques et aux thérapies comportementales peut être indiquée. Une intervention familiale est généralement nécessaire : à côté de l'approche psychanalytique, d'autres thérapies, en particulier systémiques, paraissent prometteuses. Cependant en l'absence presque générale d'études d'évaluations, les stratégies thérapeutiques demeurent empiriques et incertaines.

CHAPITRE PREMIER

ÉVOLUTION DU CONCEPT, DIAGNOSTIC, ÉPIDÉMIOLOGIE, CLINIQUE ET CLASSIFICATION

I. — Evolution du concept de la dépression de l'adolescent

L'histoire de l'évolution du concept de la dépression de l'adolescent peut être résumée en quelques étapes essentielles : entrée dans le champ de la science moderne au début du XIXe siècle, éclipse relative, puis redécouverte progressive au cours des vingt dernières années.

1. **La mélancolie de l'adolescent.** — Au début du XIXe siècle, Pinel fonda la clinique psychiatrique qu'il définit comme une « science des faits ». Son élève Esquirol dans un texte de 1820 *De la lypémanie ou mélancolie* s'efforça de préciser une entité clinique qui préfigure la notion moderne de dépression.

Il y décrivit une séméiologie relativement indépendante de l'âge, commune à l'adulte et à l'adolescent. Il considéra la mélancolie comme « très fréquente dans la jeunesse » où il en vit la cause principale dans les émois de la puberté.

2. **Le mythe de la crise de l'adolescence.** — La deuxième étape importante fut liée à l'impact de la

psychanalyse qui déplaça l'attention des symptômes manifestes aux conflits intrapsychiques qui les déterminaient. La réactivation des conflits infantiles sous l'effet de la poussée instinctuelle pubertaire fut considérée comme l'origine des désordres psychologiques de l'adolescence qui tendirent à être assimilés aux manifestations généralement bénignes des conflits de maturation, nécessaires au développement. Cette conception conduisit à une banalisation de la psychopathologie à l'adolescence, considérée comme habituellement passagère et spontanément résolutive, malgré des aspects éventuellement tapageurs : « Il est normal pour un adolescent de se conduire pour une durée importante de temps d'une façon inconséquente et imprévisible » (A. Freud, 1958) ou encore « le traitement dans l'adolescence revient au passage du temps et à la maturation graduelle » (Winnicot, 1971). Dans cette perspective, E. Erickson (1963) recommande de ne pas attribuer aux manifestations psychopathologiques des adolescents la même gravité qu'à celles des adultes. Il s'ensuivit un désintérêt croissant pour la classification symptomatique de ces désordres, regroupés et dédifférenciés dans la notion de crise de l'adolescence où la distinction du normal et du pathologique était généralement jugée illusoire ou inadéquate.

A la fin des années 60, l'accumulation d'études empiriques permit, au contraire, de constater que les perturbations psychopathologiques des adolescents, loin de disparaître spontanément, progressaient régulièrement vers une pathologie de l'adulte, en l'absence d'intervention appropriée (Masterson, 1967, 1968 ; Offer et Offer, 1971, 1979 ; Meeks, 1973 ; Salzman, 1974 ; Weiner, 1970, 1971). Ainsi Weiner et Del Gaudio (1976) étudièrent le devenir de 1 334 adolescents de 12 à 18 ans vus en consultation ou en hospitalisation psychiatrique : un suivi de dix ans montra que 54 % au moins de ces adolescents avaient nécessité d'autres soins psychiatriques et que, parmi ceux-là, le diagnostic psychiatrique restait stable dans également 54 % des cas. Ces constatations aboutirent à la dénonciation de ce mythe de la crise de l'adolescence. On reconnut la possibilité de distinguer le normal du pathologique et les conflits de maturation des déviances ou des arrêts du développement.

Plus encore, par un renversement d'opinion, la psychanalyse en vint récemment à insister sur la gravité de certaines manifestations psychopathologiques de l'adolescence, autrefois banalisées et maintenant reconnues comme révélatrices d'une menace de déviation ou d'arrêt définitif du développement comme les tentatives de suicide (Ladame, 1981 ; Laufer et Laufer, 1984).

Ce regain d'attention pour la pathologie psychologique de l'adolescent et son retour dans le champ de la psychiatrie furent liés à un nouvel intérêt pour les dépressions de l'adolescent. Cette redécouverte procéda en deux étapes : on considéra d'abord que la plupart des adolescents, à l'inverse des adultes, n'exprimaient pas directement leur dépression qui se manifestait par une symptomatologie atypique. On reconnut ensuite que la dépression de l'adolescent ressemblait à celle de l'adulte avec qui elle partageait une symptomatologie commune.

3. **La question des dépressions masquées.** — La première attitude, représentée par les concepts d'« équivalents dépressifs » (Toolan, 1962) et de « dépression masquée » (Glaser, 1967 ; Cytrin et McKnew, 1972), avance que les dépressions de l'adolescent se manifestent habituellement par une symptomatologie réduite ou atypique, comme un sentiment d'ennui per-

sistant et insupportable, interrompu par des périodes de nervosité; une dépendance ou un détachement exagérés à l'égard des parents ou des camarades; une promiscuité sexuelle; de la fatigue; des préoccupations corporelles ou des symptômes physiques; des troubles de l'appétit ou du sommeil ou des désordres psychosomatiques; des difficultés de concentration et des difficultés scolaires; des symptômes anxieux, obsessionnels ou phobiques, la phobie scolaire; des tentatives de suicide; des conduites antisociales ou délinquantes (Weiner, 1970; Steinberg, 1983).

Face à ces symptômes, les éléments nécessaires à la reconnaissance d'une dépression sous-jacente ont été d'une exigence variable, mais la conception la plus usuelle de la dépression masquée l'identifierait « à un désordre dépressif, sans modification dépressive de l'humeur » (Hersov, 1977).

Cette notion de dépression masquée a été accréditée par des arguments indirects comme la relation entre conduites antisociales et deuil (Rutter, 1966) ou suicide (Shaffer, 1974) chez l'adolescent. Récemment encore des arguments épidémiologiques ont été avancés en faveur des dépressions masquées : Kandel et Davies (1982), constatant la plus grande fréquence des dépressions chez l'adolescente et des conduites délinquantes chez l'adolescent, évoquent l'hypothèse de la dépression masquée « à savoir que le comportement antisocial est l'équivalent chez le garçon de l'humeur dépressive chez la fille ». Au crédit de cette interprétation, ils ajoutent que les proportions d'adolescents délinquants et/ou déprimés étaient identiques dans les deux sexes : 19 % des garçons et 21 % des filles étaient jugés comme déprimés et/ou délinquants. Une étude épidémiologique canadienne, concernant plus de 2 600 enfants et adolescents de 4 à 16 ans

(Offord *et al.*, 1987), a reproduit les mêmes résultats : si, avant 11 ans, la prévalence pour six mois des désordres émotionnels anxieux et dépressifs est identique chez les garçons et les filles (10,2 % contre 10,7 %), elle augmente à 13,6 % chez les filles, et diminue à 4,9 % chez les garçons entre 12 et 16 ans alors que les troubles des conduites passent de 6,5 à 10,4 % chez le garçon et de 1,8 à 4,1 % seulement chez les filles. La proportion d'adolescents déprimés et/ou délinquants reste semblable dans les deux sexes, 15,3 % chez les garçons et 17,7 % chez les filles. Tout se passe comme si, chez le garçon, les troubles des conduites à l'adolescence venaient se substituer aux désordres émotionnels de l'enfance.

Cependant le concept de dépression masquée s'est vu opposer des critiques nombreuses : on fit remarquer que les symptômes qu'il recouvrait représentaient la plupart des motifs de consultation ou d'hospitalisation en psychiatrie de l'enfant et de l'adolescent et on lui reprocha son extension exagérée qu'autorisait l'absence de critères restrictifs de diagnostic (Rie, 1966 ; Poznanski et Zrull, 1970). On souligna ensuite l'absence de confirmation thérapeutique du concept de dépression masquée. Hersov, en 1977, en vint à conclure que « l'usage du terme "dépression masquée" comme fait et non comme hypothèse est fallacieux et inapproprié » alors que Kovacs et Beck (1977) notèrent que les « masques » n'étaient souvent que les motifs de consultation. Carlson et Cantwell (1980) confirmèrent ce dernier point de vue, en étudiant des enfants et des adolescents affectés de symptômes pouvant renvoyer à des équivalents dépressifs. Ils constatèrent qu'ils se distribuaient en deux groupes : la majorité était exempte de symptomatologie dépressive alors que, chez les autres, la dépression était évidente à un examen attentif et les troubles du comportement étaient moins sévères et postérieurs au début des symptômes dépressifs. La plupart des dépressions dont le diagnostic avait été ignoré à l'entretien libre et seulement révélé par l'entretien systématique étaient associées à des réactions agressives non socialisées. Ils posèrent alors l'hypothèse que ces cas étaient affectés « de ce qu'on a appelé une "dépression masquée" bien que, dans notre expérience le masque ait été très fin si même il était présent ». Dans les dépressions masquées, ce serait le psychiatre qui porterait le masque, selon la boutade de Beck.

Ces prises de positions furent accompagnées du revirement d'opinion d'anciens partisans des dépressions masquées : Cytrin et McKnew, en 1980, revinrent sur leur classification des dépressions de l'enfant de 1972 où ils défendaient le concept de dépression masquée : « Les réactions dépressives masquées se sont montrées être une entité clinique difficile et controversée. » Ils recommandent de tenir compte de l'importance relative des symptômes de dépression et des signes d'agressivité en cas de présence simultanée : on doit conclure à un trouble des conduites avec traits dépressifs quand priment les comportements hostiles et, dans le cas inverse, à une dépression dont les comportements agressifs seront considérés comme des parties intégrales et non comme des masques.

4. **La reconnaissance d'une séméiologie commune aux dépressions de l'adolescent et de l'adulte.** — Parallèlement à cette remise en cause des dépressions masquées, des études systématiques montrèrent la similitude séméiologique des dépressions de l'adolescent et de l'adulte (Hudgens, 1974 ; Inamdar et coll., 1979). Ces observations aboutirent à la description d'une

symptomatologie commune à la dépression de l'adulte, de l'adolescent et de l'enfant, dans la 3e édition du *Manuel statistique et diagnostique des désordres mentaux* (DSM-III) publié en 1980, et présentant la nosographie officielle de l'Association américaine de Psychiatrie : « Les traits essentiels d'une dépression majeure sont semblables chez l'enfant, l'adolescent et l'adulte. » La confirmation de ce syndrome nucléaire commun a été apportée par d'autres études de la dépression de l'adolescent (Strober et coll., 1981 ; Friedman et coll., 1983 ; Ryan et coll., 1987).

Ainsi plus d'un siècle et demi après l'entrée dans le champ d'une clinique scientifique de l'antique concept de mélancolie sous l'influence de Pinel et d'Esquirol, le DSM-III réaffirme à nouveau la réalité d'une séméiologie centrale commune aux dépressions de l'adolescent et de l'adulte.

II. — Les méthodes de diagnostic et d'évaluation quantitative

L'approche diagnostique des dépressions de l'adolescent par entretien libre, non directif, a largement révélé ses insuffisances, marquées par la faible concordance diagnostique entre les cliniciens et par la fréquence de ses faux négatifs : ainsi dans l'étude de Carlson et Cantwell (1980), la méthode usuelle d'entretien libre ignore 60 % des dépressions que révèle un entretien semi-structuré où se succèdent une phase d'entretien libre et une phase structurée finalement centrées sur l'évaluation de la symptomatologie dépressive. Quant au test de Rorschach sa faible sensibilité aux états dépressifs et l'absence d'échelles de dépression le rendent peu utile au diagnostic de dépression de l'enfant et l'adolescent (Chabrol et Benesteau, 1984).

Ainsi les limites des moyens de diagnostic usuels des dépressions de l'adolescent ont justifié l'élaboration d'autres méthodes d'évaluation, visant à en améliorer l'objectivité en réduisant l'équation personnelle du clinicien. On a développé des moyens de faciliter le diagnostic des dépressions de l'adolescent et d'en quantifier l'intensité. Les critères théoriques de validation de ces instruments d'évaluation de la dépression de l'enfant et de l'adolescent sont complexes et exigeants et ne sont pas encore satisfaits dans leur ensemble pour la plupart d'entre eux (Kazdin et Petti, 1982).

L'usage de ces instruments d'évaluation est principalement réservé aux travaux de recherche scientifique.

1. **Entretiens semi-structurés de diagnostic.** — On a mis au point des entretiens semi-structurés permettant d'établir des diagnostics correspondant aux catégories du DSM-III. Chez l'adolescent on voit principalement utilisé le Schedule for Affective Disorders and Schizophrenia (SADS) de l'adulte ou sa version adaptée aux enfants le Schedule for Affective Disorders and Schizophrenia for School-Age Children (Kiddie-SADS ou K-SADS) applicable aux enfants de 6 à 16 ans (Puig-Antich et Chambers, 1978) qui a été traduit en langue française. On emploie également le Diagnostic Interview for Children and Adolescents (DICA, Reich, Herjanic et coll., 1982).

Le SADS a montré qu'il permettait d'obtenir un excellent accord entre les cliniciens l'utilisant pour le diagnostic psychiatrique suivant le DSM-III chez des adolescents hospitalisés : les diagnostics, portés indépendamment par 2 cliniciens expérimentés chez 95 adolescents, sont identiques dans 75 % des cas dans l'étude de Strober et coll. (1981). Cette concordance des jugements cliniques y est la plus élevée pour la schizophrénie et les désordres affectifs majeurs où elle est équivalente à celle rapportée chez l'adulte.

L'usage de ces entretiens semi-structurés appelle cependant des réserves : tout d'abord leur emploi mécanique et maladroit peut définitivement compromettre ce moment privilégié qu'est la rencontre avec l'adolescent. La priorité de l'établissement d'une relation thérapeutique avec l'adolescent, dont les premiers entretiens peuvent décider d'une façon irrémédiable, ne doit pas être compromise. L'entretien ne pourra être structuré que par moments en adaptant l'ordre des questions à la progression naturelle du dialogue. Mais ces moments d'entretien structuré allant au devant de cette souffrance dépressive, en en facilitant l'expression et la reconnaissance, peuvent servir cet impératif de l'alliance thérapeutique (Chabrol et coll., 1986). Ensuite il est évident que l'entretien semi-structuré ne peut prétendre résumer l'examen clinique dont les objectifs doivent dépasser le diagnostic nosographique.

2. **Echelles d'évaluation quantitative.** — Elles permettent d'apprécier l'intensité d'une dépression et d'en surveiller l'évolution symptomatique. On dispose d'échelles côtées par un observateur externe et d'échelles d'auto-évaluation.

A) *Les échelles par observateur externe.* — Leur principale utilisation est les études thérapeutiques. Chez l'adolescent on peut recourir à une échelle pour adulte comme la Montgomery Asberg Depression Rating Scale (MADRS, 1979), recommandée par Dugas et Zann (1986). L'échelle d'évaluation des dépressions de l'adolescent (EEDA, Chabrol et coll., 1986) a montré dans une étude multicentrique de 41 cas une bonne corrélation avec la MADRS.

B) *Les échelles d'auto-évaluation.* — Elles peuvent participer au diagnostic et à la quantification. On peut les employer pour la recherche épidémiologique et les études thérapeutiques. L'autoquestionnaire le plus utilisé est probablement le Beck Depressive Inventory (BDI, Beck et coll., 1961) dans sa forme à 21 items. Chez l'adolescent, les résultats du BDI se sont montrés bien corrélés à ceux du SADS (Strober et coll., 1981). Toutefois dans une population d'adolescents délinquants, le BDI n'a pas distingué ceux souffrant d'une dépression majeure (Chiles et coll., 1980).

Le Children's Depression Inventory (CDI) est dérivé du BDI (Kovacs et Beck, 1977). Le CDI a pu différencier, chez l'enfant et chez l'adolescent, la dépression d'autres désordres psychiatriques, ce qui est en faveur de sa validité (Carlson et Cantwell, 1979, 1980) (Moretti et coll., 1985). Parmi 60 enfants et adolescents (moyenne d'âge 13 ans) le CDI a distingué les dépressions majeures des dysthymies mais non celles-ci des troubles des conduites et des autres désordres psychiatriques (Fine et coll., 1985).

Dans une série de 30 dépressions majeures de l'adolescent (Chabrol et coll., 1986), si aucun d'eux ne se plaignait directement d'être déprimé, la plupart signalaient leur symptomatologie dépressive par des scores significatifs au CDI, passé avant l'entretien : 2 cas sur 30 donnaient un score faible, en discordance avec la symptomatologie réelle que l'entretien semi-structuré faisait apparaître. La Reynolds Adolescent Depression Scale (RADS, Reynolds, 1985) est le seul autoquestionnaire élaboré spécifiquement pour l'adolescent.

3. **Discussion de la valeur relative des informations données par les parents et l'adolescent.** — L'utilisation de ces méthodes d'évaluation a participé à reconnaître

et à clarifier les contradictions entre les informations obtenues des parents et des adolescents. Ces discordances ont été relevées habituellement, quelles que soient les populations d'enfants et d'adolescents et les méthodes d'investigation. Elles sont apparues maximales quand l'enfant et les parents étaient vus séparément. Leur compréhension et leur résolution ont été reconnues comme essentielles aussi bien à la pratique quotidienne qu'à la recherche clinique et épidémiologique. Différentes études ont permis de mieux les appréhender en ce qui concerne la dépression de l'adolescent : dans l'étude de Moretti et coll. (1985) de 60 adolescents et enfants adressés pour dépression, la symptomatologie dépressive de l'enfant a été évaluée séparément auprès des parents et auprès de l'enfant par 2 autoquestionnaires dont le CDI et un entretien clinique. Alors que l'auto-évaluation de l'enfant concordait avec le diagnostic du psychiatre, les informations obtenues des parents ne permettaient pas de différencier les enfants déprimés des autres. En particulier, les parents sous-estimaient de façon considérable la dépression de leurs enfants affectés de dépression majeure. Les auteurs concluent à la validité des auto-évaluations de l'adolescent et de l'enfant.

L'étude de Weissman et coll. (1987) a concerné la fréquence des désordres psychiatriques du DSM-III chez 220 sujets de 6 à 23 ans — dont 70 de 13 à 18 ans — enfants de parents déprimés ou normaux. Les entretiens avec la mère et l'enfant ont été réalisés séparément par des évaluateurs indépendants. L'enfant a été examiné avec la version épidémiologique du K-SADS. L'entretien avec les enfants a révélé une fréquence plus élevée de diagnostics selon le DSM-III que celui avec la mère. Les différences varient suivant le diagnostic, l'âge et le sexe de l'enfant, mais sont indépendantes du fait que la mère soit déprimée ou normale. Alors qu'avant 15 ans les informations sur la dépression de l'enfant données par la mère et l'enfant concordent largement, les discordances apparaissent après 15 ans où les enfants rapportent une proportion de dépression plus élevée que la mère. Cette divergence est liée au désaccord entre les informations des mères et des adolescentes alors que pour les garçons la concordance persiste. Les auteurs recommandent des entretiens séparés avec l'enfant et les parents.

Ces études montrent l'importance à accorder aux informations données par l'adolescent lui-même. Elles indiquent la nécessité impérative de rencontrer les enfants pour évaluer leur éventuelle psychopathologie et de ne pas se fier aux informations obtenues des parents souvent faussement rassurantes.

III. — Epidémiologie

Les études épidémiologiques, menées dans la population générale, des désordres psychiatriques et de la dépression de l'adolescent restent rares.

L'étude de l'île de Wight a donné la première estimation de la prévalence de la dépression dans une population générale d'adolescents : parmi 2 303 adolescents de 14 ans, 35 cas de dépression ont été retrouvés, alors que 21 % des garçons et 23 % des filles se reconnaissaient « souvent tristes ou déprimés » sans que la symptomatologie apparaisse suffisante pour un diagnostic de dépression (Rutter et coll., 1976).

Des études ont été effectuées par autoquestionnaires, dans des populations générales. Elles renseignent plus sur la prévalence des symptômes dépressifs que sur celle de la dépression qui ne peut en être estimée qu'avec une assez large incertitude.

L'inventaire de dépression de Beck (BDI) retrouve des scores suggérant 7 % de dépressions moyennes et 1,3 % de dépressions sévères auprès de 400 sujets de 11 à 18 ans (Kaplan et coll., 1984).

L'étude de Kandel et Davies (1982) a utilisé un autoquestionnaire de l'humeur dépressive, validé sur un échantillon clinique, chez près de 8 000 adolescents de 14 à 18 ans. Les scores moyens ont été plus élevés chez les filles que chez les garçons. Un score limite, choisi sur l'échantillon clinique pour donner la meilleure corrélation avec le diagnostic de dépression majeure du DSM-III, définissait 15 % de ces adolescents comme sévèrement déprimés et susceptibles d'être affectés d'une dépression majeure.

Kashani et coll. (1987) ont étudié un échantillon représentatif de la population générale des adolescents, comprenant 150 adolescents de 14, 15 et 16 ans, par un entretien structuré (DICA) avec l'adolescent. Les informations obtenues ont été réexaminées indépendamment par deux psychiatres. Le diagnostic de dépression n'a été retenu qu'en présence d'un avis convergent sur le diagnostic de dépression et la nécessité d'un traitement.

Sur ces 150 adolescents ont été retrouvés 7 cas de dépressions majeures (4,7 %), 5 cas de désordres dysthymiques, c'est-à-dire de dépressions mineures subchroniques (3,3 %). Donc, 12 adolescents (2 garçons et 10 filles) c'est-à-dire 8 % de l'échantillon, répondaient aux critères d'un des désordres dépressifs du DSM-III et réclamaient un traitement. Whitaker et coll. (1990) ont réalisé, auprès de 5 596 adolescents de 14 à 17 ans, une étude en deux étapes, l'une de dépistage par le BDI et l'autre de diagnostic par un entretien structuré. La prévalence pour toute la vie de la dépression majeure du DSM-III était chez les filles de 4,5 % et chez les garçons de 2,9 % et celle de la dysthymie de 5,3 % chez les filles et 2,3 % chez les garçons.

En France, une étude de 728 lycéens, d'âge moyen 17 ans (Bailly et coll., 1990), a également fait se succéder une étape de dépistage par questionnaires et une de diagnostic par entretien semi-structuré : la prévalence des dépressions majeures définies selon les critères du DSM-III-R s'élève à 4,4%, la prévalence chez les garçons et les filles étant à peu près semblable.

La prévalence des dépressions à l'adolescence est plus élevée que dans l'enfance mais comparable à celle de l'âge adulte. Rutter avait constaté que la prévalence des dépressions triplait environ de 10 à 14 ans. La prévalence des dépressions majeures a été estimée à 1,8 % chez l'enfant de 9 ans (Kashani et coll., 1983) et à 0,5 % dans une population de 792 enfants de 11 ans (Anderson et coll., 1987). Les prévalences des dépressions majeures (4,7 %) et des dysthymies (3,3 %) des adolescents de Kashani sont proches des 2,2 à 3,5 % de dépressions majeures et des 2,1 à 3,8 % de dysthymies constatées chez 1 598 jeunes adultes de 18 à 24 ans de la triple étude épidémiologique du National Institute of Mental Health (NIMH). Cette enquête conduite auprès de plus de 9 000 adultes a montré la plus grande fréquence de dépression dans les classes d'âge de 18 à 24 ans et de 24 à 45 ans (Myers *et al.*, 1984).

La répartition suivant le sexe des désordres de l'humeur passe, à l'adolescence, à la prépondérance féminine de l'âge adulte. La prépondérance masculine des dépressions de l'enfant notée dans certaines études cliniques (Preskorn et coll., 1982 ; Puig-Antich, 1985) a été retrouvée par l'étude épidémiologique d'Anderson où 12 des 14 enfants déprimés étaient des garçons. Une étude épidémiologique de Rutter (1985) montre que chez l'enfant prépubère la dépression est deux fois plus fréquente chez le garçon alors qu'après la puberté elle devient deux fois plus fréquente chez la fille. D'autres études cliniques montrent une fréquence identique dans les 2 sexes des dépressions prépubères (Kovacs et coll., 1984 ; Weissman et coll., 1987). L'étude de Kashani montre dans les dépressions de l'adolescent une prépondérance féminine retrouvée par l'étude du NIMH pour toutes les classes d'âge pour les dépressions majeures et pour la dysthymie.

L'apparition de la prépondérance féminine des dépressions à l'adolescence peut renvoyer à divers mécanismes biologiques, psychologiques et sociaux.

La dépression chez l'adolescente a été mise en relation avec les modifications pubertaires. Les œstrogènes ont été incriminés (Graham et Rutter, 1985 ; Ryan et coll., 1986) alors que l'on peut supposer que les androgènes chez le garçon les protègent contre la dépression ou facilitent les comportements qui la masquent. Les menstruations peuvent augmenter le vécu négatif du corps sexué perçu comme sale et mauvais. La maturation physique qui identifie le corps à celui de la mère est d'une importance cruciale pour le développement des relations de l'adolescente avec son corps sexué (Ritvo, 1976 ; Laufer et Laufer, 1981). L'identification du corps à celui de la mère accroît le sentiment de soumission passive à une mère omnipotente qui possède le corps de l'adolescente et facilite le retournement de l'agressivité envers la mère contre le corps.

L'accession à l'adolescence confronte également la jeune fille avec les aspects négatifs de la condition féminine (Graham et Rutter, 1985). L'accentuation à l'adolescence de la pression sociale concernant la différentiation des rôles sexuels, peut amener le garçon à dénier ou à cacher les symptômes dépressifs vécus comme l'expression d'une faiblesse honteuse.

Ces études épidémiologiques ont révélé la fréquence de la dépression de l'adolescent : alors que voici peu d'années encore elle était considérée comme rare, sa prévalence, comparable à celle du jeune adulte, paraît une des plus élevées parmi les classes d'âge.

IV. — Classification et séméiologie

Depuis la parution du DSM-III, les principales études de recherche épidémiologiques, cliniques, biologiques et thérapeutiques des dépressions de l'enfant et de l'adolescent s'y sont référées. Le DSM-III propose une classification et une séméiologie des troubles de l'humeur communes à l'enfant, à l'adolescent et à l'adulte. Sa forme révisée, le DSM-III-R, présente quelques modifications par rapport à la forme initiale. La classification du DSM-III-R des désordres dépressifs distingue les dépressions majeures, la dysthymie, la réaction d'adaptation dépressive et une catégorie résiduelle, le trouble dépressif non spécifié.

1. **Les dépressions majeures.** — Le DSM-III et le DSM-III-R décrivent les dépressions majeures, les dépressions majeures avec traits psychotiques et les dépressions majeures de type mélancolique.

Symptomatologie des dépressions majeures.

a) La réalité du syndrome commun. — La similitude séméiologique de ces dépressions majeures de l'enfant, de l'adolescent et de l'adulte a été confirmée par l'étude de Friedman et coll. (1983), comparant avec le SADS 26 adolescents et 27 adultes jeunes affectés de dépressions majeures et par celle de Ryan et coll. (1987), comparant avec le K-SADS 92 dépressions majeures de l'enfant prépubère et 95 de l'adolescent et par celle de Mitchell et coll. (1988), comparant avec le K-SADS 45 enfants et 50 adolescents.

Le diagnostic de dépression majeure selon le DSM-III-R réclame la présence d'au moins 5 des symptômes suivants pendant deux semaines consécutives au moins. Ces symptômes doivent se manifester presque tous les jours. La présence pour la plus grande partie de la journée soit : 1) d'une humeur dépressive, soit 2) d'une perte d'intérêt ou de plaisir dans toutes ou presque toutes les activités est obligatoire pour le diagnostic. Les autres symptômes peuvent être : 3) une perte ou un gain de poids, ou une diminution ou une augmentation de l'appétit ; 4) une insomnie ou une hypersomnie ; 5) une agitation ou un ralentissement psychomoteur ; 6) de la fatigue ou une perte d'énergie ; 7) le sentiment d'être sans valeur ou la culpabilité excessive ou inappropriée ; 8) les difficultés de concentration, de pensée ou l'indécision ; 9) les pensées qu'il vaudrait mieux être mort, des idées de suicide, une tentative de suicide.

Les critères de dépression majeure du DSM-III ont pu montrer leur validité chez l'adolescent (Strober, 1981).

Des enquêtes cliniques ont permis de préciser la symptomatologie de ces dépressions majeures de l'adolescent (40 cas, Strober et coll., 1981) (26 cas, Friedman et coll., 1983) (92 cas, Ryan et coll., 1987) (Mitchell et coll., 1988).

Dans ces 4 études, on retrouvait les symptômes suivants au moins sous une forme légère : 1) l'humeur triste avec les fréquences suivantes : 95 %, 92 %, 95 % et 92 % ; 2) la perte d'intérêt et l'anhédonie : 70 %, 100 %, 87 % et 92 % ; 3) une perte de poids : 50 %, 54 %, 34 % et 32 % ; une augmentation de poids : 25 %, 42 %, 23 % et 14 % ; 4) une insomnie : 65 %, 58 %, 73 % et 64 % ; une hypersomnie : 28 %, 31 %, 36 % et 60 % ; 5) une agitation psychomotrice : 10 %, 46 %, 61 % et 70 % ; un ralentissement psychomoteur : 18 %, 46 %, 71 % et 48 % ; 6) une fatigue ou une perte d'énergie : 55 %, 85 %,

82 % et 92 % ; 7) une auto-évaluation négative : 63 %, 92 %, 75 % ; avec culpabilité : 55 %, 77 %, 53 % et 56 % ; 8) les difficultés de concentration : 70 %, 92 %, 87 % et 82 % ; 9) les idées de suicide : 70 %, 92 %, 61 % et 68 %.

Une étude française (Chabrol et coll., 1986) retrouvent sur 30 cas de dépressions majeures de l'adolescent une fréquence semblable des symptômes : 1) humeur triste : 100 % ; 2) perte d'intérêt ou de plaisir : 82 % ; 3) modifications de l'appétit ou du poids : 66 % ; 4) modification du sommeil : 89 % ; 5) ralentissement psychomoteur net : 14 % ; 6) fatigue : 69 % ; 7) sentiment d'être sans valeur : 34 % ; culpabilité excessive : 17 % ; 8) difficultés de concentration : 86 % ; 9) idées de suicide : 68 %.

Ces études révèlent également la fréquence élevée dans les dépressions majeures de l'enfant, de l'adolescent et du jeune adulte d'autres symptômes que les critères du DSM-III : le repli social, présent respectivement dans les 4 études américaines avec les fréquences de : 78 %, 73 %, 73 % et 73 % ; l'irritabilité : 38 %, 55 %, 83 % ; l'anxiété : 43 %, 69 %, 49 % et 86 % ; les plaintes somatiques : 30 %, 15 %, 66 % et 78 %. Dans l'étude de Chabrol et coll., le repli social est noté dans 48 % des cas, l'irritabilité dans 90 %, l'anxiété moyenne ou sévère dans 65 %, les plaintes somatiques moyennes ou sévères dans 35 %.

L'analyse factorielle des symptômes des adolescents de Ryan fait ressortir 5 facteurs : le 1er facteur regroupe l'anhédonie, la fatigue, le ralentissement psychomoteur, le repli social, l'humeur dépressive, l'hypersomnie et l'anorexie. Il est assimilable au facteur « endogène » isolé chez l'adulte. Le 2e facteur regroupe les idées de suicide et les cognitions négatives (désespoir, image négative de soi). Le 3e facteur rassemble l'anxiété de séparation, l'inquiétude, les plaintes somatiques, l'insomnie et l'agitation psychomotrice. Il renvoie au facteur anxieux des dépressions de l'adulte. Le 4e facteur concerne l'appétit et le poids qui varient indépendamment des autres symptômes. Le 5e facteur regroupe l'irritabilité, l'agitation et les comportements antisociaux.

Les études de Ryan et de Mitchell montrent que cette sémiologie dépressive est identique dans les deux sexes.

b) Ses particularités à l'adolescence. — Les comparaisons de ces dépressions majeures de l'adolescent à celles de l'adulte et de l'enfant montrent peu de différences symptomatiques : dans l'étude de Friedman et coll., la seule différence significative de fréquence des symptômes entre les adolescents et les adultes jeunes (de moyennes d'âge respectives 16,3 ans et 25,8 ans) concerne l'auto-apitoiement (4 % contre 33 %). Celle de Ryan et coll., pour la majorité des symptômes, ne retrouvait pas de différence significative de fréquence ou de sévérité entre enfants et adolescents. Toutefois les adolescents montraient moins d'apparence déprimée (47 % vs 64 %), de plaintes somatiques (66 % vs 86 %), d'agitation psychomotrice (61 % vs 76 %) et plus de désespoir (68 % vs 46 %), d'hypersomnie (34 % vs 16 %), de perte de poids (34 % vs 16 %), de gain de poids (23 % vs 14 %) ; ces différences étant significatives autant pour la fréquence que pour la sévérité des symptômes. Dans l'étude de Mitchell, la seule différence significative concerne l'hypersomnie plus fréquente chez l'adolescent que chez l'enfant.

Trois singularités des dépressions de l'adolescent doivent être soulignées car elles peuvent participer aux difficultés diagnostiques. Il faut d'abord insister sur la rareté relative de l'aspect dépressif : il est absent dans 53 % de la série de Ryan où aucun adolescent n'avait un aspect sévèrement déprimé et où seulement 16 % l'avaient modéré et 30 % léger. Dans la série de Chabrol et coll., l'aspect triste n'était permanent au cours de l'entretien que dans 44 % des cas : dans la plupart des cas les adolescents n'avaient l'air déprimé que lorsqu'ils parlaient de leurs difficultés ou de leur tristesse comme l'avaient déjà noté Inamdar et coll. (1979). Cette apparence déprimée pouvait être sensible à l'attitude de l'examinateur et s'améliorer à l'expression d'intérêt et de soutien.

Ensuite, contrairement à l'adulte, mais comme les enfants, la plupart des adolescents ne se plaignent pas spontanément de leur tristesse (Inamdar et coll., 1979 ; Jeammet, 1985). L'adolescent peut taire son vécu dépressif par méfiance à l'égard du thérapeute qu'il craint indifférent ou hostile ou dont il doute de la capacité à le comprendre, à l'accepter ou à l'aider ; pour éviter la confrontation douloureuse à des sentiments insupportables ou dévalorisants ; par crainte de paraître inintéressant, sans valeur ou mauvais, et d'être rejeté par le thérapeute ; pour ne pas reconnaître une dépendance qu'il veut surmonter ; par peur de l'intensité de ses besoins de dépendance et de leur frustration par le thérapeute. L'adolescent peut ne pas être conscient d'être déprimé et cette incapacité à le reconnaître a été rattachée à un « déni de la dépression » (Toolan, 1975). L'étayage offert par le thérapeute peut permettre à l'adolescent de se confronter à ce vécu dépressif et de le verbaliser.

Il est habituel que l'adolescent évacue les affects dépressifs par des mécanismes de déni, de projection, par des passages à l'acte ou des conduites passives-agressives.

Le vécu dépressif de l'adolescent, quand il s'exprime se manifeste souvent de façon atypique par des sentiments de vide, d'ennui, d'indifférence, de malaise vague, de solitude et d'abandon, par l'impression d'être mal aimé, incompris ou rejeté.

Enfin alors que l'apparence est assez rarement dépressive et que l'adolescent ne se plaint pas directement d'être déprimé, l'irritabilité se manifeste souvent lors de l'entretien, en particulier par une réticence maussade et des attitudes d'opposition qui peuvent dissuader l'examinateur de s'enquérir d'une dépression.

Cette présentation souvent trompeuse a certainement contribué aux concepts de dépression masquée. Elle justifie la nécessité de suivre une démarche active, empathique, rendant possible à l'adolescent l'expression de son vécu dépressif. Au-delà de cet aspect clinique initial peu évocateur, seule une enquête systématique révèle cette symptomatologie dépressive comparable à celle de l'adulte.

2. **La dysthymie.** — Elle correspond aux dépressions mineures des Research Diagnostic Criteria (RDC). Elle est caractérisée dans le DSM-III-R par l'évolution subchronique (au moins un an pour les adolescents, sans intervalle libre de plus de deux mois) d'une symptomatologie dépressive modérée marquée par une humeur triste présente pour la plus grande partie de la journée, la plupart des jours, associée à au moins 2 des symptômes suivants : 1) appétit diminué ou augmenté ; 2) insomnie ou hypersomnie ; 3) fatigue ou énergie faible ; 4) estime de soi faible ; 5) concentration faible ou difficultés à prendre des décisions ; 6) pessimisme.

La validité des critères du DSM-III ou du DSM-III-R chez l'adolescent n'a pas été démontrée. Toutefois, les études épidémiologiques ou cliniques indiquent la fréquence des dysthymies à l'adolescence. La dysthymie peut, en elle-même, être un désordre sérieux à l'adolescence par son retentissement sur l'adaptation scolaire, sociale et familiale et elle peut évoluer vers une dépression majeure (Friedman et coll., 1982, 1983).

3. **Le trouble de l'adaptation avec humeur dépressive.** — Il correspond à une dépression réactionnelle mineure limitée dans sa symptomatologie et sa durée, déclenchée par un facteur de stress psychosocial identifiable.

4. **Le trouble dépressif non spécifié.** — Il constitue une catégorie résiduelle pouvant en particulier accueillir les cas où les symptômes dépressifs sont insuffisants en nombre, en intensité et en durée et ne sont pas liés à un stress.

V. — Diagnostics associés

1. **Dépression et autres désordres psychiatriques.** — Les études épidémiologiques comme les études sur des échantillons cliniques ont révélé la fréquence de l'association chez l'adolescent de la symptomatologie dépressive et d'autres désordres psychopathologiques.

Dans une étude épidémiologique de 150 adolescents issus de la population générale (Kashani et coll., 1987), les 12 adolescents affectés de dépression majeure ou de dysthymie réclamant un traitement, étaient tous redevables d'un autre diagnostic du DSM-III : désordres anxieux dans 9 cas, désordre d'opposition dans 6 cas, conduites antisociales dans 3 cas, alcoolisme dans 3 cas et toxicomanie dans 3 cas, et enfin 1 cas de manie, de déficit de l'attention et d'énurésie. Parmi les 33 adolescents ayant une symptomatologie dépressive significative, 61 % recevaient un autre diagnostic psychiatrique, principalement des désordres anxieux (7 cas), des désordres d'opposition (6 cas) et une toxicomanie (5 cas).

D'autres études confirment l'association de la dépression de l'adolescent aux désordres anxieux, aux conduites antisociales et toxicomaniaques.

A) *Dépression et désordres anxieux chez l'adolescent.* — L'anxiété de séparation paraît fréquemment associée aux dépressions majeures de l'adolescent : 37 % des 92 dépressions majeures de l'adolescent contre 58 % de celles de 95 enfants (Ryan et coll., 1987) ; 48 % des 23 adolescents contre 86 % des 36 enfants de Geller (1985) où l'anxiété de séparation avait suivi la dépression ; 44 % des 50 dépressions majeures de l'adolescent contre 42 % de celles des 45 enfants (Mitchell et coll., 1988).

Les séries de Ryan et de Mitchell montrent également parmi les dépressions majeures de l'adolescent 20 % et 8 % d'anxiété généralisée (névrose d'angoisse), 27 % et 20 % de phobies, 11 % et 0 % de syndrome obsessif-compulsif.

B) *Dépression et conduites antisociales.* — Un désordre des conduites suffisamment sévère pour perturber de façon importante le fonctionnement scolaire ou social est retrouvé dans la série de Ryan chez 11 % des adolescents et 16 % des enfants. Les conduites antisociales sont notées chez 35 % des adolescents et 11 % des enfants dans l'étude de Geller, où, dans tous les cas, les conduites antisociales sont apparues après le début de la dépression.

A l'inverse, les études de population d'adolescents délinquants montrent une fréquence élevée de dépressions : 18 % de dépressions majeures pour Kashani et coll. (1982), 15 % de dépressions majeures actives, la plupart manifestant une agitation psychomotrice et 8 % en rémission parmi des adolescents sévèrement délinquants (Alessi *et al.*, 1984), 51 % de dépressions diagnostiquées suivant les RDC parmi 33 adolescents délinquants traduits en justice (Kaplan et coll., 1986), 23 % de dépressions majeures chez 120 adolescents délinquants de 13, 14 et 15 ans (Chiles et coll., 1980). Dans cette dernière étude, les adolescents ont été interrogés sur leur réaction aux sentiments dépressifs : 60 % des adolescents déprimés reconnaissaient recourir à la drogue (principalement la marijuana) et à l'alcool pour soulager leur tristesse et leur ennui alors que 35 % déclaraient chercher des activités excitantes, dangereuses ou illégales pour lutter contre leurs affects dépressifs. Ces types de réponse aux sentiments dépressifs étaient moins fréquents (respectivement 13 % et 12 %) chez les délinquants non déprimés. Ces observations montrent que les adolescents déprimés peuvent utiliser consciemment l'alcool, la drogue ou les passages à l'acte pour réduire les affects dépressifs.

C) *Dépression, alcoolisme et toxicomanie.* — Dans la série de Ryan, 18 % des adolescents déprimés usaient des drogues « douces » au moins occasionnellement et 4 % supplémentaires avaient au moins essayé les drogues « dures » pendant l'épisode actuel, 9 % des adolescents rapportaient des états d'ivresses ou une consommation d'alcool plus fréquente qu'une fois par semaine. Dans une étude de 30 dépressions majeures (Chabrol et coll., 1986) 10 % des adolescents reconnaissent l'utilisation fréquente d'alcool ou de drogue alors que le tabagisme était habituel. Les adolescents déprimés toxicomanes déclarent souvent recourir à l'alcool ou aux drogues pour soulager leur dépression (Chiles et coll., 1980 ; Friedman et coll., 1983).

A l'inverse les adolescents toxicomanes sont fréquemment déprimés : 16 % de dépression double (dépression majeure surimposée à une dysthymie), 7 % de dépression majeure isolée, 5 % de dysthymie isolée, et 6 % de symptomatologie dépressive significative chez 100 adolescents de 13 à 19 ans (59 garçons et 29 filles) utilisant principalement de l'alcool et du cannabis (Kashani et coll., 1985). L'usage des euphorisants comme les amphétamines était plus fréquent chez les déprimés, ce qui est en faveur de l'hypothèse de l'automédication. L'étude épidémiologique de Deykin et coll. (1987) concernant 424 adolescents de 16 à 19 ans permet de clarifier les relations entre dépression et abus de drogue et d'alcool. La prévalence d'un antécédent de dépression majeure y était de 6,8 %, celle de l'alcoolisme de 8,2 % et celle des toxicomanies de 9,4 %. Les abus de drogue et d'alcool étaient fortement associés à la dépression majeure qui les avaient presque toujours précédés, ce qui suggère que la toxicomanie peut être une automédication contre la dépression.

Les passages à l'acte, les conduites délinquantes, l'usage d'alcool et de drogue peuvent apparaître comme des moyens de lutte contre la dépression auxquels l'adolescent peut se fixer. Le dépistage et le traitement des dépressions de l'adolescent représentent un des éléments de la prévention de la toxicomanie, de l'alcoolisme mais aussi de la délinquance.

D) *La dépression et les symptômes de conversion.* — Les symptômes de conversion ne sont pas spécifiques de la névrose ou de la personnalité hystérique (Bowlby, 1940 ; Ziegler et coll., 1962...). Des symptômes de conversion peuvent s'associer à la dépression de l'adolescent (Rock, 1971 ; Goodyer, 1981).

E) *La dépression et l'état limite.* — L'état limite est actuellement considéré comme une organisation pathologique de la personnalité fréquemment associé à des épisodes dépressifs majeurs. Parmi les 23 patients de Perry (1985), diagnostiqués suivant les critères de la personnalité limite du DSM-III, l'âge moyen au début des dépressions majeures était de 13 ans. Tous signalaient des périodes dépressives durant deux ans ou plus avec la surimposition d'épisodes dépressifs aigus.

Les relations complexes entre la personnalité limite et les troubles de l'humeur ont été discutées en fonction d'arguments cliniques, épidémiologiques, biologiques, thérapeutiques et familiaux sans pouvoir être encore clarifiées (Akiskal, 1981 ; Pope, 1983 ; Soloff et Millward, 1983 ; Perry, 1985).

Le diagnostic d'état ou de personnalité limite à l'adolescence exige une réserve prudente. Chez l'adolescent une dépression durable peut simuler un état limite. La dépression peut activer certaines attitudes habituelles à l'adolescence comme l'impulsivité, l'imprévisibilité, l'instabilité affective, un mode de relation interpersonnelle intense mais instable, l'incertitude de l'identité qui sont des critères de la personnalité limite dans le DSM-III. L'image clinique des dépressions de l'adolescence peut être dominée par des sentiments de vide ou d'ennui, par l'irritabilité et les colères fréquentes. L'intolérance à la solitude peut y remplacer l'isolement social. Les passages à l'acte, la toxicomanie et l'alcoolisme, les relations intenses et instables, la promiscuité sexuelle peuvent être des moyens de lutte contre la dépression.

La symptomatologie psychotique mineure, qui faisait partie de la définition de l'état limite (Gunderson et Kolb, 1978) et qui en a été exclue dans le DSM-III peut être reproduite par la dépression, en particulier les expériences de dépersonnalisation (Soloff et Ulrich, 1981) et les troubles du cours de la pensée (Andreasen, 1979).

F) *La dépression, l'anorexie mentale et la boulimie.* — La dépression s'associe fréquemment aux troubles du comportement alimentaire, à l'anorexie comme à la boulimie chez l'adulte et chez l'adolescente (Swift et coll., 1986 ; Hudson et coll., 1987). Leurs relations complexes ont été discutées à partir de données cliniques, épidémiologiques, biologiques, et ont fait évoquer soit une causalité commune psychologique ou biologique, faisant intervenir des perturbations hypothalamiques, soit l'hypothèse que l'une cause l'autre par des déterminismes psychologiques ou physiques (Katz et coll., 1984). Parmi 26 adolescentes anorexiques, 46 % avaient une symptomatologie dépressive et, au suivi, alors qu'une seule restait anorexique, 12 demeuraient sérieusement déprimées (Cantwell et coll., 1977).

G) *Dépressions primaires et secondaires.* — L'association de la dépression à d'autres désordres psychiatriques a fait proposer, pour clarifier leurs relations, de distinguer les dépressions primaires des secondaires survenant pendant l'évolution d'un autre désordre psychiatrique chronique (Woodruff et coll., 1967). Cette dichotomie, introduite dans le DSM-III-R ne s'y applique qu'aux dysthymies. Les dépressions majeures de l'adolescent étaient primaires dans 85 % des cas (29/34) de Friedman et coll. (1983) et dans 75 % (30/40) de ceux de Strober et coll. (1981). L'intérêt de cette distinction, discutée chez l'adulte, reste à explorer chez l'adolescent.

2. **Dépression et affections organiques.**

A) *Dépressions révélant une affection organique.* — Une symptomatologie d'allure dépressive peut révéler une pathologie organique en particulier une maladie neurologique ou endocrinienne. Il faudra maintenant penser au neuro-sida.

B) *Dépressions compliquant une affection organique.* — De multiples déterminismes concourent à la fréquence des dépressions chez les adolescents souffrant de maladies chroniques ou d'infirmités physiques. Les études systématiques en sont cependant rares. Parmi 35 enfants et adolescents hospitalisés dans un service d'hématologie et d'oncologie, Kashani et Hakami (1982) retrouvent 6 cas de dépressions majeures, dont 5 chez l'adolescent, et 48 % de symptomatologie dépressive.

VI. — Evolution

Les données nouvelles sur l'évolution des dépressions de l'adolescent en indiquent la gravité marquée par leurs caractères prolongés et leurs séquelles.

1. **Durée d'évolution d'un épisode dépressif.** — Les dépressions majeures de l'adolescent ont souvent une évolution prolongée ou chronique. Une étude rétrospective concernant 275 enfants et adolescents, représentative de la population générale, retrouve 14 % d'antécédents d'épisodes dépressifs majeurs. L'âge moyen de survenue est de 14 ans et la durée moyenne de seize semaines, mais 21 % étaient encore déprimés au bout d'un an d'évolution et 10 % au bout de deux ans (Keller et coll., 1988).

44 des 92 dépressions majeures de l'adolescent de

Ryan (1987) évoluaient depuis au moins deux ans sous la forme soit de dépression majeure chronique soit de dysthymie et de dépression double. Ces dépressions chroniques se caractérisaient par leur sévérité, la fréquence des idées suicidaires et des tentatives de suicide qui y étaient plus graves que dans les dépressions plus courtes.

2. **Evolution ultérieure et séquelles.** — L'évolution à long terme est marquée par la fréquence des récidives et des séquelles.

A) *Récidives.* — Les récidives sont fréquentes durant l'adolescence et l'âge adulte. Suivant 16 dépressions unipolaires, d'âge moyen de début 15 ans, pendant en moyenne dix ans, Welner et coll. (1979) constatent des récidives dépressives dans 11 cas. Le nombre moyen d'hospitalisations était 4. Dix de ces patients n'avaient que des rémissions partielles entre les épisodes dépressifs. Parmi 11 troubles de l'humeur dont 7 dépressions majeures, hospitalisés pour la première fois à l'âge de 14 ans en moyenne et suivis pendant huit ans, Garber et coll. (1988) rapportent chez 7 patients des récidives sous forme de dépression majeure, récurrente dans 4 cas. Friedman et coll. (1983) constatent que la dépression majeure de 65 adolescents et jeunes adultes avait été précédée de troubles dépressifs mineurs ou intermittents dans un tiers des cas.

Alors que dans l'étude de Kovacs l'évolution des troubles de l'adaptation avec humeur dépressive était libre d'un nouvel épisode dépressif, l'étude d'Andreasen et Hoenk (1982) donne une image plus pessimiste des troubles de l'adaptation à l'adolescence : parmi 52 cas suivis pendant cinq ans, 29 (56 %) relevaient d'un diagnostic psychiatrique dont 10 dépressions majeures et 2 troubles bipolaires.

Ces études montrent que, chez l'adolescent, les dépressions majeures récidivent fréquemment et que les dysthymies et les troubles de l'adaptation avec humeur dépressive peuvent voir leur évolution compliquée de dépressions majeures.

Harrington et coll. (1990) revoyant un groupe de 80 adultes ayant présenté une dépression dans l'enfance ou l'adolescence, dix-huit ans en moyenne après le contact initial, retrouvent un risque accru de dépression à l'âge adulte, d'hospitalisations et de traitements psychiatriques : 31 % avaient présenté à l'âge adulte une dépression majeure contre 8 % du groupe de contrôle. Les troubles psychiatriques non dépressifs n'étaient pas plus fréquents que dans le groupe de contrôle.

B) *Séquelles.* — Les séquelles des dépressions de l'adolescent et les conséquences tardives sur l'adaptation sociofamiliale sont encore mal connues. Chez l'enfant, on a noté que la guérison des dépressions majeures laissait comme séquelles fréquentes des difficultés dans les relations interpersonnelles familiales et extra-familiales (Puig-Antich et coll., 1985). Les séquelles chez le jeune adulte d'une symptomatologie dépressive à l'adolescence ont été évaluées, neuf ans plus tard, auprès de 1 004 jeunes adultes (âge moyen 24,7 ans) (Kandel et Davies, 1986) : les jeunes adultes ayant une symptomatologie dépressive à l'adolescence se distinguaient par des capacités réduites à établir des relations interpersonnelles intimes avec l'autre sexe. Les relations avec le conjoint ou le partenaire étaient plus distantes et la fréquence des divorces plus élevée pour les femmes. Les périodes de chômage étaient plus importantes chez les hommes. Enfin le tabagisme, la consommation de tranquillisants, la participation à des activités délinquantes ou déviantes et les accidents de voiture étaient plus fréquents.

L'approche psychanalytique a souligné que la symptomatologie dépressive pouvait s'atténuer et disparaître au prix d'une déviance du développement vers l'organisation d'un trouble de la personnalité. L'amélioration symptomatique peut se faire en rendant définitif le rejet d'une partie de lui-même par l'adolescent (Jeammet, 1987).

Des conséquences tardives ont été signalées : les parents ayant été déprimés dans l'adolescence peuvent montrer des relations perturbées avec leurs propres enfants, en particulier quand ils parviennent à l'adolescence.

VII. — Les dépressions endogènes et psychotiques et la psychose maniaco-dépressive

La forme révisée du DSM-III décrit les désordres de l'humeur qui regroupent les désordres dépressifs et les troubles bipolaires incluant la cyclothymie.

Les dépressions mélancoliques et psychotiques de l'adolescent posent le problème de leur relation aux troubles bipolaires que des études longitudinales ont permis de préciser.

1. **Les dépressions mélancoliques et psychotiques.** — Le DSM-III distingue parmi les dépressions majeures, les dépressions de type mélancolique et celles avec caractéristiques psychotiques. La mélancolie et les dépressions psychotiques représentent, dans les études cliniques, une proportion importante des dépressions majeures de l'adolescent.

A) *La dépression majeure de type mélancolique.* — Cette catégorie du DSM-III s'identifie aux dépressions endogènes. L'intérêt de distinguer ces dépressions mélancoliques chez l'adolescent reste encore à préciser.

Le DSM-III-R en modifie légèrement les critères, réclamant 5 des suivants : 1) perte d'intérêt et de plaisir dans toutes ou presque toutes les activités ; 2) absence de réactivité aux événements habituellement agréables ; 3) aggravation matinale de la dépression ; 4) réveil précoce ; 5) ralentissement ou agitation psychomotrice ; 6) anorexie ou perte de poids importante ; 7) pas de perturbation importante de la personnalité avant le premier épisode dépressif majeur ; 8) un ou plusieurs épisodes dépressifs majeurs antérieurs suivis de guérison complète ou presque ; 9) réponse positive antérieure à un traitement antidépresseur somatique adéquat et spécifique.

Les études chez l'adolescent recourent toutefois habituellement aux Research Diagnostic Criteria (RDC, Spitzer *et al.*, 1978) des dépressions endogènes qui sont proches de ceux du DSM-III.

Ces dépressions endogènes selon les RDC, semblent représenter une proportion importante des dépressions majeures de l'adolescent : 33 % chez 40 adolescents (Strober, 1981), 77 % chez 26 adolescents contre 93 % chez 26 adultes jeunes (Friedman et coll., 1983), 69 % chez 23 adolescents contre 83 % chez 36 enfants prépubères (Geller et coll., 1985), 51 % chez 92 adolescents contre 48 % chez 95 enfants prépubères (Ryan et coll., 1987), 50 % des 50 adolescents contre 44 % des 45 enfants (Mitchell et coll., 1988). Toutefois on ne dispose pas d'étude épidémiologique en précisant la prévalence dans la population générale des adolescents.

B) *La dépression majeure avec caractéristiques psychotiques.* — Si la mélancolie de l'adolescent pouvait selon Esquirol s'accompagner de délire et d'hallucinations, ces symptômes faisaient, voici peu de temps et encore trop souvent maintenant, considérer un adolescent comme schizophrène (Halfon, Dugas et Mouren-Simeoni, 1986).

Le DSM-III reconnaît l'existence des dépressions psychotiques qui peuvent se manifester par des idées délirantes et des hallucinations « congruentes à l'humeur » avec des contenus conformes aux thèmes dépressifs typiques d'inadéquation, de culpabilité, de maladie, de mort, de nihilisme ou de punition méritée ou « non congruentes à l'humeur » comme des idées délirantes de persécution, d'influence, d'insertion ou de diffusion de la pensée. Les idées délirantes et les hallucinations ne doivent pas, à aucun moment de l'évolution, durer plus de deux semaines, en l'absence de troubles de l'humeur. Pour Strober et coll. (1981) les thèmes délirants sont identiques chez l'adulte et l'adolescent.

La proportion de ces dépressions psychotiques parmi les dépressions majeures de l'adolescent paraît relativement élevée : 13 % des 40 adolescents (Strober et coll., 1981), 23 % des 26 adolescents contre 22 % des 27 adultes jeunes (Friedman et coll., 1983), 22 % des 92 adolescents contre 37 % des 85 enfants prépubères (Ryan et coll., 1987), 22 % des 50 adolescents contre 31 % des 45 enfants (Mitchell et coll., 1988). Leur prévalence dans la population générale des adolescents n'a pas été précisée.

Dans la série de Ryan, les adolescents affectés de dépression psychotique se distinguaient des autres par la sévérité de l'humeur dépressive et par une plus grande fréquence d'usage d'alcool ou de drogues illicites. Les hallucinations étaient plus fréquentes (21 % des 92 adolescents) que les idées délirantes (7 %) comme dans la série de Mitchell (22 % contre 6 %) où toutes les hallucinations étaient auditives.

Parmi les 6 dépressions psychotiques de Friedman et coll., 2 adolescents avaient des idées de culpabilité délirantes, les 4 autres avaient des hallucinations auditives toutes consistant en commentaires dépréciateurs. L'association des thèmes congruents et non congruents, dans les dépressions unipolaires comme bipolaires, a été souvent constatée par Halfon, Dugas et Mouren-Simeoni (1986) : dans leur série, les thèmes les plus fréquents, sont, pour les congruents, la culpabilité, la négation d'organes et l'incurabilité ; et pour les non-congruents, la persécution, la pensée imposée, la transformation corporelle.

L'évolution de ces dépressions psychotiques qui restent unipolaires est mal connue chez l'adolescent. Chez l'adulte l'évolution pendant quatorze mois après le départ de l'hôpital de 31 dépressions psychotiques unipolaires et de 28 dépressions unipolaires non psychotiques ne montrait pas de différence dans la fréquence de réhospitalisation, et dans l'adaptation socioprofessionnelle (Kettering et coll., 1987).

Sept dépressions psychotiques unipolaires de l'adolescent suivies pendant deux à six ans étaient considérées comme ayant une adaptation sociale et scolaire bonne, malgré les récidives (Halfon, Dugas et Mouren-Simeoni, 1986).

Les dépressions psychotiques posent un problème de diagnostic avec la schizophrénie. Aucun symptôme psychotique n'est en lui-même pathognomonique de la schizophrénie. L'existence d'une symptomatologie dépressive concomittante ou préalable aux symptômes psychotiques doit toujours faire évoquer le diagnostic de dépression chez l'adolescent. Un diagnostic erroné de schizophrénie, la prescription indue et isolée d'un neuroleptique abâtardit l'image clinique d'une dépression psychotique, lui donne artificiellement une présentation hébéphrénique dominée par l'appauvrissement affectif et l'apragmatisme et enferme l'adolescent dans une évolution chronique et iatrogène. On doit à Dugas et à son école d'avoir, en France, depuis longtemps insisté sur la fréquence à l'adolescence des dépressions psychotiques.

C) *La dépression majeure avec catatonie.* — La dépression avec catatonie est une forme rare de dépression majeure qui n'est pas décrite dans le DSM-III-R. La catatonie est encore souvent automatiquement considérée comme d'origine schizophrénique. Elle a pu être reconnue comme un syndrome qui peut renvoyer à des étiologies diverses, fonctionnelles (schizophrénies ou désordres affectifs) comme organiques (désordres neurologiques, infectieux, métaboliques ou toxiques) (Gelenberg, 1976).

Cette pluralité étiologique et notamment l'origine affective transparaissaient déjà dans la description initiale de Kahlbaum qui y indiquait l'association des troubles moteurs à « la mélancolie, la manie, la stupeur, la confusion et éventuellement la démence ». Kahlbaum relevait l'hétérogénéité évolutive allant des pronostics favorables à des évolutions irréversibles et démentielles. Bien que Kahlbaum ait mis en garde contre « l'inclusion de la catatonie dans le concept français de dégénérescence », Kraepelin la rattacha à la démence précoce : « Les différentes formes cliniques réunies par cet auteur (Kahlbaum) sous le terme de catatonie ne sont que des périodes successives de la démence précoce » (1905).

Dès 1913, Kirby décrivit 5 jeunes femmes qui développèrent des syndromes catatoniques au cours de psychose maniaco-dépressive. Morrison (1974) réévaluant des patients catatoniques considérés comme schizophrènes considéra que 28 % des formes excitées et 10 % des formes ralenties relevaient d'un trouble de l'humeur. Abrams et Taylor (1976) trouvent, parmi 55 patients avec au moins un symptôme catatonique, 4 schizophrénies contre 39 désordres de l'humeur principalement maniaques. A l'inverse, parmi 123 patients bipolaires en phase maniaque ou dépressive, ils constatent des symptômes catatoniques dans 28 % des cas.

Pour Hassanyeh et Davison (1980) les symptômes catatoniques sont aussi fréquemment associés aux troubles de l'humeur qu'à la schizophrénie chez l'adolescent.

D) *Eléments prédictifs d'une évolution bipolaire.* — Pour préciser les éléments prédictifs d'une évolution bipolaire Strober et Carlson (1982) ont suivi pendant trois à quatre ans, 60 adolescents de 13 à 16 ans hospitalisés pour dépressions majeures : chez 20 % d'entre eux, un épisode maniaque marquant une évolution bipolaire se développa pendant cette période. Les dépressions majeures d'évolution bipolaire se distinguaient des dépressions unipolaires par un début des symptômes plus rapide, par une plus grande sévérité de l'humeur dépressive, des autoreproches, des préoccupations corporelles, un déficit de l'attention, et un ralentissement psychomoteur. Les hallucinations et les idées délirantes congruentes à l'humeur étaient bien plus fréquentes dans les dépressions d'évolution bipolaire (75 % contre 6 %). Par contre y étaient significativement moins fréquentes l'irritabilité, l'auto-apitoiement, les revendications, et les tendances suicidaires. Le type endogène défini selon les RDC n'était pas lié à l'évolution bipolaire. L'existence dans la famille d'au moins un parent au premier ou au deuxième degré déprimé était également fréquent dans les dépressions bipolaires et unipolaires. Par contre la présence d'un trouble bipolaire dans la famille ou de dépressions manifestées dans trois générations successives étaient liées à l'évolution bipolaire. Enfin les virages hypomaniaques induits par les antidépresseurs ont toujours été suivis d'une évolution bipolaire. Ces réponses hypomaniaques aux antidépresseurs sont également chez l'adulte prédictives d'une issue bipolaire (Akiskal *et al.*, 1979).

Dugas et ses collaborateurs donnent également des éléments distinguant les évolutions bipolaires et unipolaires sur une série de 21 cas (15 filles et 6 garçons) regroupant 11 dépressions majeures avec caractéristiques psychotiques, 9 troubles bipolaires maniaques et 1 trouble bipolaire mixte, constituant les épisodes initiaux (Halfon, Dugas et Mouren-Simeoni, 1986). L'âge de début variait entre 13 et 19 ans (moyenne 16 ans). Au cours de l'évolution suivie pendant en moyenne sept ans, ces patients ont été classés en 4 groupes : 10 troubles bipolaires, 8 dépressions unipolaires, 2 schizophrénies, et 1 cas non classé assigné à la catégorie résiduelle des troubles schizo-affectifs. La symptomatologie psychotique était différente chez les bipolaires et les unipolaires : les bipolaires se distinguaient par la plus grande fréquence de la confusion (7 cas contre 2), des hallucinations auditives et visuelles (9 cas alors que les hallucinations étaient absentes chez les unipolaires), des idées délirantes à mécanisme imaginatif (7 cas contre 2) alors que les idées délirantes à mécanisme interprétatif étaient d'égale fréquence dans les groupes uni et bipolaires (8 cas dans chaque groupe). Les antécédents du père et de la mère montrent pour les 8 patients unipolaires, 4 parents unipolaires et 1 bipolaire et pour les 10 patients bipolaires, 3 parents unipolaires et 2 bipolaires.

2. **Les troubles bipolaires.** — La catégorie des troubles bipolaires du DSM-III regroupe les troubles

bipolaires mixtes, maniaques, et dépressifs, la cyclothymie et les troubles bipolaires atypiques. Les troubles bipolaires mixtes, maniaques et dépressifs se caractérisent par la survenue dans l'évolution d'au moins un épisode où la symptomatologie maniaque était manifeste et correspondent donc à ce que l'on a appelé le trouble bipolaire I. Les troubles bipolaires atypiques sont une catégorie résiduelle qui accueille par exemple ce qui a pu être décrit comme le trouble bipolaire II (succession d'au moins un épisode dépressif majeur et d'au moins un épisode hypomaniaque) et le trouble bipolaire III (virage hypomaniaque transitoire provoqué par un antidépresseur tricyclique). Les études épidémiologiques permettent d'estimer qu'environ 1 % de la population adulte est ou a été affecté du trouble bipolaire I. A la différence des dépressions, le trouble bipolaire semble aussi fréquent dans les deux sexes (Robbins et coll., 1984).

Les données épidémiologiques indiquent qu'environ 35 % des troubles bipolaires commencent pendant l'adolescence (Perris, 1966 ; Winokur et coll., 1969 ; Carlson et coll., 1977 ; Loranger et Levine, 1978). Cependant la reconnaissance des troubles bipolaires à l'adolescence reste relativement rare. Les troubles bipolaires à l'adolescence donnent lieu en effet à de fréquentes erreurs de diagnostic en raison, d'une part, du caractère souvent atypique de leur aspect clinique et, d'autre part, des mentalités dominantes qui surestiment l'importance de l'instabilité affective de l'adolescence normale et la rareté des troubles bipolaires à cet âge. Dans la série d'Akiskal (1985) les troubles bipolaires n'avaient jamais été identifiés, les diagnostics retenus étant le plus souvent des troubles réactionnels ou des troubles du caractère, en particulier l'état limite, les troubles des conduites, la schizophrénie, l'anxiété généralisée et la phobie scolaire. Parmi 17 patients adolescents le K-SADS a permis de découvrir 5 désordres bipolaires passés inaperçus à l'entretien non structuré (Gammon et coll., 1983).

A) *La manie.* — Elle est définie dans le DSM-III-R par une ou plusieurs périodes où l'humeur est exaltée, expansive ou irritable de façon anormale et persistante, pendant une semaine au moins (ou durée quelconque en cas de retentissement marqué sur le fonctionnement). Doivent y être associés au moins 3 des symptômes suivants (et 4 si l'humeur est seulement irritable) dont l'intensité doit être suffisante pour perturber l'adaptation : 1) estime de soi exagérée, idées de grandeur pouvant être délirantes ; 2) besoin de sommeil réduit ; 3) volubilité ou besoin de parler constamment ; 4) fuite des idées ; 5) distractibilité ; 6) hyperactivité (sociale, professionnelle ou sexuelle) ou agitation ; 7) implication excessive dans des activités dont la nocivité n'est pas reconnue par le patient comme achats inconsidérés, impudeur sexuelle...

Les symptômes psychotiques sont fréquents dans les manies de l'adolescent : ils sont présents chez 4 des 11 cas d'Akiskal (1985). Les 9 adolescents maniaques de Ballenger et coll. (1982) ont au moins un symptôme psychotique, 7 d'entre eux en ayant 3 ou plus : les idées délirantes étaient présentes dans 8 cas, les hallucinations auditives dans 4 cas, les hallucinations visuelles dans 1 cas, de la confusion dans 5 cas, les troubles du cours de la pensée dans 4 cas, les idées de référence dans 4 cas, des symptômes de premier rang de Schneider dans 2 cas, une catatonie dans 2 cas. Alors que 6 d'entre eux avaient été considérés comme schizophrènes, l'efficacité du traitement par le lithium a confirmé le diagnostic de manie.

Le suivi de ces 9 patients pendant en moyenne

huit ans montra que les rechutes maniaques présentaient moins de signes psychotiques. Cette diminution de fréquence des signes psychotiques et leur disparition dans les rechutes maniaques de la fin de l'adolescence ont été observées également par Carlson et Strober sur 6 cas (1978) et par Akiskal sur ces 4 cas (1985).

La manie de l'adolescent peut comme chez l'adulte s'associer à des symptômes dépressifs : ces états mixtes ont été notés chez 4 des patients d'Akiskal (1985).

B) *La cyclothymie.* — Le DSM-III-R la définit par la répétition, pendant au moins un an pour l'adolescent, de nombreuses périodes d'humeur anormalement exaltée, expansive ou irritable ne répondant pas aux critères de la manie et de nombreuses périodes avec une humeur dépressive ou une perte d'intérêt et de plaisir ne satisfaisant pas aux critères d'une dépression majeure. Les symptômes hypomaniaques ou dépressifs ne doivent pas être absents pendant plus de trois mois. Les périodes hypomaniaques doivent associer au moins 3 des symptômes suivants : 1) besoin de sommeil réduit ; 2) plus d'énergie que d'habitude ; 3) surestimation de soi ; 4) productivité accrue, souvent associée avec des heures de travail inhabituelles que le patient s'impose ; 5) créativité et acuité de pensée inhabituelle ; 6) recherche désinhibée de contacts sociaux ; 7) hypersexualité sans conscience des conséquences négatives possibles ; 8) participation excessive à des activités de plaisirs sans soucis des conséquences négatives (dépenses inconsidérées, conduite dangeureuse de vélomoteurs...) ; 9) agitation ; 10) plus loquace que d'habitude ; 11) optimisme excessif ; 12) rires, plaisanteries ou jeux de mots inappropriés.

Les 10 cyclothymies de l'adolescent de l'étude d'Akiskal se caractérisaient par des oscillations entre le dynamisme et l'aboulie, l'agitation et le ralentissement, l'insomnie et l'hypersomnie, la recherche du contact social et l'isolement, les poussées créatrices et les périodes d'inactivité. Les épisodes dépressifs et hypomaniaques brefs alternaient de façon irrégulière conditionnant souvent une vie tumultueuse. Dans ce groupe les périodes dépressives prédominaient.

Chez les 9 adolescents de Klein et coll. (1985), la cyclothymie avait commencé entre 7 et 15 ans, en moyenne à 12,4 ans. Les épisodes maniaques et dépressifs étaient apparus à moins d'une année de distance. Les épisodes hypomaniaques duraient en moyenne 1,8 jour et les épisodes dépressifs 2,3 jours. Les nombres des épisodes hypomaniaques et dépressifs étaient très correlés, 20 % des sujets rapportant moins de 6 épisodes hypomaniaques et dépressifs alors que 80 % en signalaient plus de 12.

Il convient de garder une attitude prudente à l'égard du diagnostic d'hypomanie et de cyclothymie à l'adolescence. Les comportements hypomaniaques de l'adolescent peuvent exprimer le déni de la réalité psychique dépressive (Jeammet, 1985).

C) *Evolution.* — L'âge moyen de début des troubles bipolaires était de 15 ans dans la série de 39 adolescents et jeunes adultes bipolaires d'Akiskal. La manie n'apparaissait pas avant la puberté. Quatre garçons prépubères avaient des épisodes hypomaniaques qui avaient commencé entre 8 et 11 ans. Les troubles bipolaires avaient débuté par une dépression majeure dans 9 cas, par une dysthymie dans 2 cas, par une manie dans 11 et par une cyclothymie dans 10, et dans 7 cas par une polytoxicomanie. Dans les trois ans du suivi, 4 troubles bipolaires I étaient apparus dans les 10 cyclothymies.

Dans une étude systématique d'enfants de parents bipolaires, Klein et coll. (1985) diagnostiquent une cyclothymie chez 24 % de 37 sujets de 15 à 21 ans alors qu'ils ne trouvent que 3 % de trouble bipolaire II, 3 % de dépression et 8 % de dysthymie.

L'évolution à long terme des troubles bipolaires I apparus à l'adolescence a été signalée comme plus péjorative que ceux à début plus tardif (Landolt, 1957 ; Olsen, 1961). Parmi 12 patients bipolaires dont l'âge moyen de début était 15 ans, un suivi de neuf ans en moyenne montra 3 suicides et 9 évolutions chroniques avec un sévère retentissement sur l'adaptation, malgré un traitement par lithium, probablement en raison d'une mauvaise compliance (Welner et coll., 1979). L'évolution des 9 adolescents bipolaires de Dugas, surveillée pendant en moyenne 1,8 an était considérée par contre comme bonne dans 7 cas.

CHAPITRE II

DÉTERMINISMES : FAITS ET THÉORIES

Les observations cliniques et les modèles théoriques qui veulent en rendre compte s'influencent réciproquement : les données de l'observation suscitent des réflexions théoriques, structurées dans des modèles explicatifs, qui orientent en retour la démarche clinique, la saisie et l'intégration de l'expérience sensible. Cet échange, pour être fécond, doit éviter de focaliser l'observation et la réflexion à un champ restreint que l'on finirait par assimiler à la réalité clinique tout entière. Ce danger est majoré en psychiatrie de l'adolescent par la tentation d'y transposer les modèles de la psychiatrie adulte sans en avoir éprouvé la validité à cet âge. Il faut, avec modestie, reconnaître la précarité de notre compréhension des dépressions de l'adolescent dans leurs relations avec le développement psychologique et biologique et dans leurs interactions avec un milieu familial et social en évolution.

Les études cliniques et les enquêtes épidémiologiques ont montré l'association de la dépression de l'adolescent à certains faits, familiaux, sociaux ou biologiques. Ces résultats trop limités encore, doivent être confrontés avec prudence aux modèles théoriques disponibles dans une approche critique qui n'en exclut aucun.

I. — Les faits

Les données objectives, encore insuffisantes et contradictoires, ne nous donnent qu'une image imprécise des contextes sociofamiliaux, psychologiques et biologiques des dépressions de l'adolescent. Certains faits ressortent toutefois : la dépression de l'adolescent s'associe fréquemment à celle des parents dans des familles soumises à un surcroît d'agressions extérieures ou intérieures liées à la dissociation ou à la discorde. La dépression de l'adolescent s'accompagne fréquemment d'indices biologiques de perturbations cérébrales.

1. La dépression familiale.

A) *Etude clinique et épidémiologique*. — La coexistence fréquente de la dépression des parents et des enfants a été révélée par les études psychopathologiques des parents d'enfants déprimés et par celles des enfants de déprimés. Cette concentration familiale des dépressions semble renvoyer à la fois des facteurs génétiques et à la perturbation des comportements parentaux des déprimés.

a) Etudes des parents d'adolescents déprimés. — Puig-Antich et coll. (1985) notent des troubles de l'humeur chez 50 % des parents au premier degré d'enfants prépubères affectés de dépressions majeures.

Strober (1983) retrouve 92 % de troubles de l'humeur dans la parenté au premier et deuxième degré de ses adolescents bipolaires contre 73 % pour les unipolaires.

Ces études ne donnent pas de précision sur les autres diagnostics psychiatriques des parents. On a également rapporté une fréquence élevée d'alcoolisme (Dugas et Mouren, 1980) (Livingston et coll., 1985) et de personnalité antisociale (Livingston).

Cette fréquence importante de dépressions dans la parenté au premier degré des enfants et des adolescents déprimés rejoint l'étude de Weissman et coll. (1984) où la prévalence des dépressions majeures dans la parenté d'adultes déprimés était la plus élevée (24,2 %) pour les dépressions de début précoce, avant 20 ans.

b) Etudes des enfants de parents déprimés. — Les études d'enfants de déprimés, plus nombreuses, montrent une fréquence élevée de troubles psychiatriques et en particulier de dépressions.

Parmi 125 enfants — dont 45 entre 12 et 18 ans — de patients affectés de dépressions majeures, Weissman et coll. (1987) trouvent 37,6 % de dépressions majeures, 16,8 % de toxicomanie, fréquence significativement plus élevée que celle du groupe contrôle (24,2 et 2,3 %). L'âge moyen de début de la dépression majeure est plus précoce pour les enfants de déprimés (12,7 ans) que pour les enfants des sujets normaux (16,8 ans).

L'étude de 72 enfants, d'âge moyen 16 ans, ayant au moins un parent déprimé unipolaire, retrouve 72 % de troubles psychiatriques diagnostiqués selon le DSM-III, 46 % des enfants recevant deux diagnostics au moins (Keller et coll., 1986). Une dépression majeure, notée dans 24,2 % des cas, est le diagnostic le plus commun. Dans tous les cas, la dépression majeure de l'enfant est apparue après celle du parent. La sévérité et la chronicité de la dépression du parent sont corrélées, chez l'enfant, avec les perturbations de l'adaptation et la présence de désordres psychiatriques. La dépression chez la mère est plus fortement associée à une psychopathologie accrue de l'enfant que celle du père. Etudiant 220 enfants, de moyenne d'âge 17 ans, issus de 91 familles de déprimés, Weissman et coll. (1988) constatent une corrélation positive entre la précocité du début des troubles dépressifs chez les parents d'une part et l'incidence et la précocité des dépressions majeures chez leurs enfants d'autre part. L'âge moyen de début des dépressions des enfants, dont celles des parents s'étaient manifestées avant 20 ans, était de 11 ans, comparé à un âge moyen de 13,6 ans si la dépression parentale avait débuté entre 20 et 29 ans et de 16,7 ans en cas de début après 30 ans.

L'association chez le parent de dépression et d'état de panique ou d'agoraphobie augmente le risque de dépression et de désordres anxieux chez l'enfant et l'adolescent comme le constatent Weissman et coll. (1984).

Les études d'enfants de patients bipolaires sont plus rares. Laroche et coll. (1981) ne rapportent aucun désordre psychiatrique chez 17 enfants de 8 à 18 ans. Decina et coll. (1983), parmi 31 enfants de 7 à 14 ans de 18 parents bipolaires, trouvent 16 désordres psychiatriques du DSM-III et des RDC dont 8 dépressions majeures ou mineures. Trente-sept adolescents de 15 à 21 ans de familles bipolaires montrent 38 % de troubles de l'humeur dont 24 % de cyclothymie contre 5 % de dépression dans un groupe contrôle de 22 adolescents de famille avec d'autres désordres psychiatriques (Klein et coll., 1985).

L'étude de 187 familles de patients bipolaires (Rice et coll., 1987) montre 5,7 % de troubles bipolaires, le risque étant accru dans la parenté au premier degré d'un patient dont la maladie a commencé précocément.

c) Fréquence de la dépression maternelle dans la petite enfance. — La dépression de l'adolescent a été mise en relation avec les carences affectives de la petite enfance, en particulier liées à la dépression maternelle. La fréquence considérable des dépressions dans la population des jeunes mères a été rapportée à plusieurs reprises (Guedeney, 1986).

Pour Moss et Plewis (1977), 52 % des 359 jeunes mères d'enfant d'âge préscolaire, évaluées lors d'une étude épidémiologique ont souffert d'un épisode dépressif modéré ou sévère dans l'année précédente. Diverses variables interviennent pour accentuer le risque de réaction dépressive à un stress important et récent : manque de soutien de la part du mari, avoir 3 enfants ou plus âgés de moins de 14 ans, conditions d'habitation et de travail. Pour Puckering et coll. (1986), la prévalence de la dépression maternelle chez les mères de jeunes enfants appartenant à la classe ouvrière urbaine s'élève à 30 à 40 %.

Pour Guedeney, la prévalence élevée de dépressions des mères de jeunes enfants suggère de nuancer la relation de causalité entre la dépression maternelle et la dépression de l'enfant ou celle, ultérieure, de l'adolescent.

B) *Etudes génétiques.* — Le regroupement familial des troubles de l'humeur peut indiquer une influence génétique ou une intervention du milieu. Pour les distinguer, on a recouru aux études de jumeaux et de sujets adoptés.

La méthode des jumeaux consiste à comparer des couples monozygotes, identiques génétiquement, et hétérozygotes qui ne sont pas plus génétiquement identiques que les membres d'une fratrie. On considère que l'influence de l'environnement est similaire pour les monozygotes et les dizygotes. Une série de jumeaux, dont l'un au moins est atteint de la maladie étudiée permet de définir le taux de concordance, ou pourcentage de couple de jumeaux dont les deux membres en sont affectés. Un taux de concordance significativement supérieur pour les monozygotes par rapport aux dizygotes est généralement interprété comme reflétant l'intervention de facteurs génétiques alors que l'absence de concordance totale chez les monozygotes et un taux de concordance non nul chez les dizygotes sont considérés relever de contributions de facteurs non génétiques, psychosociaux mais aussi biologiques.

Dans la revue de 8 études de jumeaux par Bertelsen (1979), la concordance stricte de troubles de l'humeur (unipolaire à unipolaire et bipolaire à bipolaire) était de 59 % pour les monozygotes et de 18 % pour les dizygotes. Son étude de 110 paires de jumeaux dont l'un au moins souffrait de trouble unipolaire ou bipolaire, a donné un taux de concordance strict de 67 % pour les monozygotes contre 20 % pour les dizygotes.

Des études de jumeaux monozygotes élevés séparément dans des environnements différents ont trouvé un taux de concordance de 67 % pour les troubles de l'humeur contre 76 % pour ceux élevés ensemble (Tsuang, 1978).

L'adoption sépare l'influence génétique et les facteurs d'environnement sociofamiliaux. L'étude des familles biologiques et adoptives de 29 patients bipolaires et 20 sujets adoptés normaux a montré une prévalence des troubles de l'humeur de 31 % chez les parents biologiques des sujets bipolaires contre 2 % chez les parents biologiques des sujets adoptés normaux, de 12 % chez les parents adoptifs des bipolaires et de 10 % chez ceux des sujets normaux (Mendlewicz et Rainer, 1977).

La prévalence des dépressions unipolaires parmi les parents biologiques de 27 sujets unipolaires était 8 fois plus élevée que celle de leurs parents adoptifs et que celle des parents biologiques et adoptifs des sujets normaux de la série de contrôle (Wender et coll., 1986).

Ces données des études de jumeaux et de sujets adoptés démontrent une contribution génétique significative aux troubles de l'humeur.

C) *Etude du comportement parental des déprimés.* — Le rôle des comportements des parents dans le déterminisme des dépressions de l'enfant est suggéré par différentes études (informations rétrospectives données par les déprimés adultes, étude du fonctionnement des familles d'enfants et d'adolescents déprimés et des attitudes des mères déprimées) qui en donnent une image convergente caractérisée par l'inattention, le manque d'affection, la négligence, l'hostilité et le rejet (Orvaschel et coll., 1980).

Les investigations récentes recourant à l'observation directe des interactions parents-enfants dans les familles d'enfants ou de parents déprimés qui confirment ces résultats sont principalement limitées à des enfants jeunes. Gordon et coll. (1989) ont comparé des mères déprimées, des mères affectées de maladie organique chronique et des mères normales d'enfants et d'adolescents de 8 à 16 ans. En observant les interactions au cours de la discussion d'un sujet conflictuel entre la mère et l'enfant, ils observent que les mères déprimées unipolaires montrent un style d'interaction marquée par plus de propos négatifs et de critiques, moins de propos positifs et moins de comportements centrés sur la tâche.

2. **Facteurs sociofamiliaux associés aux dépressions de l'adolescent.** — Leurs études, encore rares et partielles, commencent à préciser l'association de certains facteurs à la dépression de l'adolescent et à son niveau d'adaptation et de fonctionnement.

A) *Les stress.* — Le rôle des stress dans les dépressions de l'enfant a été souligné (Graham, 1974 ; Cytrin et McKnew, 1980). Leur importance a été confirmée par l'étude de Hammen et coll. (1987) comparant la psychopathologie, l'adaptation scolaire et la compétence sociale des 29 enfants de 13 mères unipolaires, des 12 enfants de 9 mères bipolaires, des 18 enfants de mères affectées de polyarthrite ou de diabète insulino-dépendant, et des 35 enfants de 22 mères normales. L'âge moyen des enfants était d'environ 13 ans.

Les agressions habituelles que subissaient ces mères furent évaluées et quantifiées dans la vie maritale, sociale et professionnelle, dans les relations avec les enfants et les autres membres de la famille, et en ce qui concernait la santé de la mère et des autres membres de la famille. La fréquence des troubles de l'humeur des enfants de mères unipolaires (74 %) et bipolaires (67 %) était significativement plus élevée que chez ceux des mères normales (17 %) mais ne l'était pas par rapport aux enfants des mères atteintes de maladies organiques (44 %). La fréquence globale des désordres psychiatriques ainsi que l'adaptation scolaire et sociale étaient corrélées quels que soient les groupes à l'importance des stress auxquels était soumise la mère.

B) *Discorde conjugale et divorce.* — Les études d'adolescents dont les parents étaient déprimés ont pu montrer que le risque de dépression et d'autres désordres psychiatriques n'était pas lié au divorce (Weissman et coll., 1984) mais qu'il était, ainsi que la qualité de l'adaptation psychosociale, correlé aux indices de discorde entre les parents indépendamment du mariage ou du divorce. Les conflits qui précèdent et suivent le divorce conditionnent son retentissement (Jellinek et Slovik, 1981).

C) *Séparation.* — Les séparations entre parents et enfants sont considérées comme pouvant être liées aux dépressions.

Cependant dans l'étude de Weissman et coll. (1984), les séparations n'accroissent pas le risque de dépression et d'autres désordres psychiatriques chez l'adolescent. Cette constatation rejoint celles de Kovacs et coll. (1984) qui n'ont pas retrouvé de différence entre 65 enfants déprimés et un groupe de 49 autres désordres psychiatriques, pour les antécédents de séparation quel qu'en soit le type (placement en famille adoptive ou nourricière, mort d'un parent biologique, hospitalisation prolongée avant 7 ans, divorce ou séparation des parents, absence totale du père biologique ou d'un substitut paternel). La perte a pu apparaître également une condition étiologique de moindre influence que la discorde familiale dans la délinquance (Offord et coll., 1979) et dans les tentatives de suicide (Adam et coll., 1982).

D) *Relation avec les parents.* — La vaste enquête épidémiologique de Kandel et Davies (1982), concernant plus de 4 000 adolescents et leurs parents, trouve que l'humeur dépressive est correlée à la fois au manque d'intimité avec les parents et à l'isolement social. Les adolescents qui s'appuient plus sur leurs camarades que sur leurs parents sont plus déprimés que ceux qui sont également proches des deux. Les adolescents des familles autoritaires ou laxistes sont plus déprimés que ceux des familles où les relations de pouvoir entre parents et adolescent étaient plus proches du modèle démocratique. Cette constatation rejoint celle de McIntire et Angle (1973) qui rencontrèrent chez 60 % des familles d'adolescents suicidaires des attitudes éducatives extrêmes et opposées marquées par un contrôle parental et des attentes envers l'adolescent très élevés ou au contraire très bas.

E) *Sévices physiques et sexuels.* — Les antécédents de sévices physiques et sexuels dans les dépressions de l'adolescent ne sont pas habituellement rapportés et leur fréquence semble largement sous-estimée.

En effet, les patients victimes de sévices les signalent rarement à leur thérapeute qui, lui-même, s'enquiert rarement de la possibilité d'un sévice (Herman, 1981 ; Gelinas, 1983 ; Carmen et coll., 1984). On sait cependant que les enfants battus présentent communément des symptômes dépressifs (Martin et Beezley, 1976, 1977 ; Kinard, 1982). Les antécédents de sévices physiques ou sexuels sont fréquemment retrouvés dans les populations psychiatriques adultes : 72 % des 66 patients de Bryer et coll. (1987) les rapportent, ces patientes se distinguant par la sévérité des symptômes, la fréquence des idées et des tentatives de suicide qui triplaient par rapport aux autres.

Des enquêtes épidémiologiques dans la population générale ont révélé qu'un garçon sur 10 (Finkelhor, 1979) et 2 filles sur 5 (Russell, 1984) étaient victimes de sévices sexuels intra ou extra-familiaux. Parmi 930 femmes, 12 % rapportaient au moins une expérience de sévices sexuels par un parent avant 14 ans et 16 % avant 18 ans. Le père ou le beau-père était incriminé dans 4,5 % des cas.

La fréquence de l'inceste chez les adolescents hospitalisés en psychiatrie a été rarement étudiée : Molnar et Cameron (1975) le signalent dans 5 % des cas. Parmi 65 enfants et adolescents (26 filles et 36 garçons, d'âge moyen 13,9 ans), Emslie et Rosenfeld (1983) retrouvent des antécédents d'inceste chez 6 des

16 filles non psychotiques, chez une des 10 psychotiques et chez 3 des garçons. La symptomatologie dépressive de ces adolescents victimes d'inceste n'est pas rapportée. Parmi 437 adolescentes hospitalisées pour des problèmes émotionnels, 61 (13,9 %) indiquent avoir été victimes de relations incestueuses dont 21 avec le père, 20 avec le beau-père, et 12 avec un frère aîné. L'âge moyen de la première expérience incestueuse était 11 ans en moyenne (Husain et Chapel, 1983).

Certaines conséquences de l'inceste à l'adolescence comme la promiscuité sexuelle, les tentatives de suicide, la toxicomanie et la délinquance (Mrazek et Mrazek, 1981 ; Goodwin, 1981 ; Burgess et coll., 1987) peuvent être reliées à la dépression qui n'a pas été systématiquement évaluée.

La fréquence maintenant reconnue des sévices physiques et sexuels de l'enfance et de l'adolescence, la honte, la culpabilité qui les font taire, ont amené à suggérer de s'en enquérir spécifiquement, une fois établie une relation de confiance, dans l'évaluation des patients psychiatriques, enfants et adolescents en particulier (Gelinas, 1983 ; Carmen et coll., 1984 ; Herman, 1986 ; Bryer, 1987).

F) *Milieu social.* — L'association entre humeur dépressive et condition socio-économique défavorisée a été retrouvée par les études épidémiologiques d'adolescents (Schoenbach et coll., 1980, sur 384 adolescents ; Kandel et Davies, 1982).

3. **Perturbations biologiques dans les dépressions de l'adolescent.** — Des perturbations biologiques ont été retrouvées chez les adolescents déprimés par des tests neuro-endocriniens, par l'enregistrement électro-encéphalographique du sommeil et par la mesure du débit sanguin cérébral.

A) *Les tests neuro-endocriniens.* — Parmi les anomalies endocriniennes retrouvées par les tests dynamiques dans les dépressions, seuls ont été explorés chez l'adolescent l'axe hypothalamo-hypophyso-surrénalien par le test à la dexaméthasone et l'axe hypothalamo-hypophyso-thyroïdien par le test à la TRH (thyrotropin releasing hormone). Leur dysfonction pourrait refléter les anomalies de la transmission monoaminergique des dépressions.

a) Le test à la dexaméthasone. — Proposé par Carroll (1981), il consiste à donner 1 mg de dexaméthasone par voie orale à minuit et à prélever 3 échantillons de sang le lendemain à 8, 16 et 23 heures pour doser le cortisol. Une réponse anormale est définie par une absence de suppression du cortisol marqué par au moins un taux plasmatique supérieur à 5 µg/dl.

Chez l'adulte, la sensibilité de ce test (la fréquence des réponses anormales) est modeste dans les dépressions majeures (environ 40-50 %) mais plus élevée dans les dépressions psychotiques, mélancoliques et dans la manie (environ 60-70 %). La spécificité (fréquence des réponses normales) est supérieure à 90 % chez le sujet normal mais elle varie de moins de 70 % à plus de 90 % dans les troubles psychiatriques pouvant poser des difficultés de diagnostic avec la dépression comme la schizophrénie (*The American Psychiatric Association Task Force on Laboratory Tests in Psychiatry,* 1987).

Chez l'adolescent, certaines études se limitant aux cas de dépression n'évaluent que la sensibilité de ce test.

D'autres études, comparatives, permettent également d'apprécier la spécificité du test à la dexaméthasone chez l'adolescent. Casat et coll. (1989) regroupant les résultats de 8 études rassemblant 475 adolescents de 13 à 19 ans (Klee et Garfinkel, 1984 ; Ha et coll., 1984 ; Targum et Capodanno, 1983 ; Extein et coll., 1982 ; Robbins et coll. ; 1982 ; Hsu et coll., 1983 ; Evans et coll., 1987 ; Khan, 1987) retrouvent une sensibilité de 47,1 % et une spécificité de 80,2 %.

Parmi 31 adolescents, Dugas et coll. (1984) retrouvent 11 tests anormaux chez les 21 adolescents affectés de troubles de l'humeur (6 des 11 dépressions majeures, 2 des 3 troubles bipolaires, 3 des 6 dysthymies) alors que les 10 adolescents exempts de troubles de l'humeur montraient tous une suppression du cortisol : dans cette étude la sensibilité du test est évaluée à 52 % et sa spécificité à 100 %.

Ces études du test à la dexaméthasone chez l'adolescent donnent des résultats que l'on peut juger comparables à ceux obtenus chez l'adulte (Dalery et de Villard, 1986).

Crumley et coll. soulignent l'intérêt diagnostique du test à la dexaméthasone dans les dépressions psychotiques et les troubles bipolaires mixtes.

b) Le test à la TRH. — Dès 1972 on a rapporté une réponse atténuée de la TSH hypophysaire (thyroid stimuling hormone) à l'injection de TRH. Ce test est resté moins étudié que celui à la dexaméthasone. Sa sensibilité et sa spécificité sont moins précisées mais on sait qu'il est également fréquemment perturbé dans la manie alors qu'il resterait normal dans la schizophrénie (Loosen et Prange, 1982), ce que deux études ont remis en question (Loo, 1987).

La première étude chez l'adolescent déprimé (Chabrol et coll., 1985) a inclus 60 cas (45 filles et 15 garçons, allant de 13 à 18 ans, d'âge moyen 15,9 ans) comparés à 60 adolescents normaux appariés pour l'âge et le sexe avec les patients. Le test à la TRH a été pratiqué selon la méthode proposée par Extein et Gold (1980). Après un prélèvement de base, 500 μg de TRH synthétique (protireline) ont été injectés à 9 h 30 pendant une période de 30 s. Les prélèvements sanguins ont été réalisés à la 15e, 30e, 60e, 90e et 120e mn. Sur chaque prélèvement la TSH (thyroid stimuling hormone) et la T3 (triidothyronine) ont été dosées par une méthode radio-immunologique. Une différence significative entre les patients et les contrôles a été mise en évidence pour les taux de base et les valeurs maximales de T3 et de TSH mais aussi pour le ΔT3 et le ΔTSH. Les réponses maximales de T3 et de TSH (ΔT3 et ΔTSH) ont été déterminées en soustrayant le taux de base des valeurs maximales obtenues après l'injection de TRH. Deux définitions de réponse atténuée en TSH ont été utilisées. Avec la définition de Loosen et Prange (ΔTSH ⩽ à 5 UI/ml), une hyporéponse en TSH a été constatée chez 12 % des patients mais chez aucun contrôle. Avec la définition d'Extein et coll. (1980) (ΔTSH ⩽ 7 UI/Ml), une réponse atténuée a été trouvée chez 42 % des patients contre 3 % des contrôles.

Cette fréquence d'une réponse diminuée en TSH est comparable à celle rapportée par Gold et coll. (1981) dans les dépressions majeures de l'adulte. En tant que groupe, ces adolescents déprimés montrent une dysfonction de l'axe hypothalamo-hypophyso-thyroïdien. Non seulement la réponse en TSH est atténuée mais aussi les taux de base de TSH et de T3 sont bas comparés au groupe contrôle.

L'intérêt de l'application clinique de ces tests demeure incertain. On peut toutefois en proposer l'usage conjoint dans les cas où le diagnostic hésite entre un trouble de l'humeur et un trouble schizophrénique en raison de la gravité des implications thérapeutiques et pronostiques. Il faut signaler que la perturbation simultanée des deux tests a été constatée comme hautement spécifique d'un trouble de l'humeur chez l'adulte (Loo, 1987). Dans un groupe de 90 adolescents déprimés, des tests à la dexaméthasone et à la TRH simultanément anormaux ont été notés dans 19 % des cas alors que l'une ou l'autre de ces anomalies étaient observées dans 76 % des cas (Chabrol et coll., 1987).

B) *Perturbations électro-encéphalographiques du sommeil.* — Les études des laboratoires du sommeil ont objectivé les perturbations du sommeil dans les dépressions endogènes de l'adulte : diminution du sommeil total, latence d'endormissement augmentée, continuité du sommeil troublée par des réveils fréquents. A ces constatations que l'interrogatoire des déprimés avait déjà rapportées s'ajoutent, une diminution de la latence du sommeil paradoxal, une augmentation de la densité du sommeil paradoxal (nombre de mouvements oculaires par minute de sommeil paradoxal) et une diminution du sommeil lent.

Ces perturbations n'ont pas été retrouvées chez les enfants prépubères affectés de dépressions majeures (Puig-Antich et coll., 1982 ; Young et coll., 1982).

Chez les adolescents déprimés, les résultats sont contradictoires. Lahmeyer et coll. (1983) comparant 13 grands adolescents affectés de dépressions majeures et 13 sujets contrôles et Emslie et coll. (1987) étudiant 17 jeunes adolescents souffrant de dépressions majeures retrouvent une diminution de la latence du sommeil paradoxal et une augmentation de sa densité. A l'opposé Goetz et coll. (1987), comparant 49 adolescents affectés de dépressions majeures et 40 adolescents indemnes d'antécédents psychiatriques, ne constatent pas de différences significatives pour la latence et la densité du sommeil paradoxal. L'augmentation de la latence de l'endormissement est observée par Goetz mais pas par Lahmeyer, les troubles de la continuité du sommeil sont rapportés par Goetz et Emslie mais non par Lahmeyer.

C) *Le débit sanguin cérébral.* — Depuis les progrès de sa méthodologie les études du débit sanguin cérébral chez les schizophrènes se sont multipliées. Par contre, ces investigations n'ont donné lieu qu'à des travaux relativement confidentiels dans la dépression. Nous avons présenté la première étude chez l'adolescent (Chabrol et coll., 1984).

Le débit sanguin cérébral régional a été mesuré par la méthode d'inhalation du Xénon 133 chez 34 adolescents déprimés et 10 contrôles normaux. Il s'agit d'un examen non invasif qui dure une dizaine de minutes. Le sujet inhale le Xénon 133 pendant une minute. Pendant les neuf minutes restantes la radioactivité est recueillie au niveau de 32 zones cérébrales. Les débits sont calculés à partir de la courbe de décroissance de la radioactivité. Le débit hémisphérique moyen ne différencie pas les deux groupes déprimés et normaux. Par contre, les adolescents déprimés se distinguent par la perte de l'hyperfrontalité physiologique. Les valeurs préfrontales étaient seulement 4,7 % plus élevées que le débit dans le reste des hémisphères comparées à 13,5 % chez les contrôles ($p < 0,005$). Si on fixe comme limite à la frontalité normale, 9 % (soit la moyenne du groupe des contrôles normaux — 1 DS), 75 % des adolescents ont une perturbation du débit sanguin cérébral. Si on fixe comme limite 4 % (soit la valeur moyenne des normaux — 2 DS), 41 % des adolescents déprimés ont une perturbation du débit dans notre série.

Dans notre étude, les adolescents déprimés montrent une diminution significative de la distribution hyperfrontale habituelle retrouvée chez nos sujets normaux et déjà décrite par de nombreux auteurs. Cette hypofrontalité relative chez les adolescents déprimés s'exprime au sein d'un débit hémisphérique moyen conservé. Cette perturbation de la distribution régionale du débit sanguin cérébral est dans notre étude plus marquée dans le groupe des dépressions majeures qui se distinguent significativement du groupe conjoint des désordres dysthymiques, des réactions d'adaptation dépressive et des dépressions atypiques.

Cette perte de l'hyperfrontalité a déjà été décrite chez les schizophrènes adultes et adolescents. Notre série de 10 adolescents hébéphrènes, jamais traités par neuroleptiques, révélait une tendance à l'hypofrontalité plus marquée que dans notre groupe de déprimés (0,7 ± 11,6 %). Chez l'adolescent, l'hypofrontalité n'est donc pas spécifique des dépressions.

La signification de ces anomalies biologiques, dysfonction endocrinienne, perturbations du sommeil et du débit sanguin cérébral est incertaine : il s'agit de marqueurs d'état qui se corrigent habituellement avec la dépression. Il faut évidemment se garder d'interpréter ces résultats dans une logique de causalité linéaire réductioniste où l'on s'imaginerait que ces anomalies prouvent l'origine biologique des dépressions. Ces perturbations peuvent être secondaires à la dépression. Il peut s'agir de conséquences biologiques d'un état dépressif lié à des déterminismes psychologiques. On doit évoquer la possibilité d'une interaction réciproque et d'un renforcement circulaire entre les perturbations biologiques et psychologiques.

II. — Théories et modèles

L'élaboration des approches théoriques actuelles des dépressions de l'adolescent a précédé la réalisation des études systématiques récemment permises par l'adoption assez générale de critères de diagnostic opérationnels. La discussion de la validité de ces modèles ne peut encore s'appuyer que sur la transposition hasardeuse à l'adolescent des études réalisées chez l'adulte, sur les données objectives, encore rudimentaires et fragmentaires, des études cliniques et épidémiologiques qui montrent des associations entre faits sans permettre souvent de préciser leurs relations de causalité éventuelles, enfin sur l'expérience thérapeutique, habituellement collection de cas anecdotiques ; les conséquences de la mobilisation de certains éléments y permettent de leur supposer un rôle de déterminisme, avec une incertitude liée à l'insuffisance de rigueur de l'évaluation. Les divers modèles de la dépression de l'adolescent sont complémentaires car ils s'adressent à des niveaux de déterminismes différents. L'approche comportementale et cognitive s'intéresse à l'apprentissage des comportements dépressifs et à leurs relations avec les comportements de l'entourage. L'approche systémique s'interroge sur les fonctions de la dépression dans l'organisation familiale. L'approche psychanalytique s'adresse aux relations entre les conflits du développement et la dépression. L'approche biologique discute les liaisons entre génétique, perturbations biologiques et dépression. L'approche sociologique se préoccupe de l'influence de l'évolution de la famille, de la société et de ses crises.

1. **Approche comportementale et cognitive.** — Le modèle cognitivo-comportemental des dépressions de l'adulte a été étendu à l'enfant et à l'adolescent (Kaslow et Rehm, 1983 ; Vera, 1985, 1986).

A) *Approche comportementale.* — La dépression a pu être définie comme une réduction de fréquence des comportements adaptés (Ferster, 1965) acquise selon les lois de l'apprentissage. L'acquisition des comportements dépressifs peut faire intervenir des mécanismes de conditionnement répondant pavlovien, de conditionnement opérant skinnérien ou d'apprentissage social.

a) Conditionnement classique pavlovien. — Les comportements d'évitement dépressif peuvent être appris par conditionnement classique : des événements provoquant une réponse anxieuse peuvent conduire à éviter les situations où ils peuvent se reproduire.

b) Conditionnement opérant. — La diminution des comportements adaptés peut être la conséquence de la réduction prolongée des renforçateurs sociaux positifs (Lewinsohn et coll., 1969) par un mécanisme d'extinction. L'insuffisance des habiletés sociales, conditionnant un manque de capacité à susciter des renforcements positifs de l'entourage, peut jouer un rôle important dans la genèse des dépressions (Lewinsohn et coll., 1970).

Des stress inévitables, des attitudes aversives d'hostilité ou de négligence, peuvent réduire la fréquence des comportements adaptés. Les parents qui abusent de punitions et d'interdits peuvent provoquer des états de passivité chez l'adolescent. Enfin, avec l'évolution de la dépression et des pensées négativistes les renforcements positifs perdent leur efficacité qu'ils ne soient pas perçus ou qu'ils soient interprétés négativement (Lazarus, 1976).

c) Apprentissage social. — L'imitation d'un modèle présent dans l'entourage peut faciliter l'apprentissage des comportements dépressifs de l'adolescent. L'enfant et l'adolescent peuvent apprendre à réagir à des situations de stress par des attitudes défaitistes de passivité et de repli en imitant un parent déprimé.

Les adolescents peuvent manquer d'un modèle parental adéquat de comportement de communication et de résolution des problèmes interpersonnels et acquérir, au contact de modèles déviants, des comportements inefficaces ou dysfonctionnels, susceptibles de provoquer l'indifférence, l'hostilité ou le rejet.

B) *Approches cognitives.* — Les théories cognitives ont souligné le rôle des dysfonctions de la pensée dans le passage des expériences conditionnantes négatives aux comportements dépressifs. On doit à Seligman et à Beck les modèles cognitifs les plus représentatifs et les plus spécifiques de la dépression.

a) L'impuissance apprise de Seligman. — Un passé d'expériences négatives incontrôlables (pertes, séparation, maladies, discorde familiale...) conduit à une « impuissance apprise », à la conviction de l'absence de possibilité de contrôle sur les événements positifs ou négatifs, conditionnant les troubles des affects, de l'estime de soi et de la motivation de la dépression (Seligman, 1973, 1975, 1979). L'impuissance apprise se caractérise par un style d'attribution de causalité qui est toujours défavorable au sujet. Les échecs sont attribués à des causes internes ou stables et permanentes ou globales dans leur capacité à se reproduire dans toutes les situations, alors que les succès sont rattachés à des causes externes indépendantes du sujet ou instables et fortuites ou spécifiques à une situation et non reproductibles.

Ce style d'attribution a été retrouvé chez des adolescents déprimés (Seligman et coll., 1979).

b) Approche cognitive de Beck. — Selon le modèle cognitif de Beck (1967) les troubles de la pensée sont le problème psychologique fondamental de la dépression : les pensées ou cognitions dépressives déterminent les sentiments et les comportements dépressifs. Les thèmes de ces cognitions dépressives ont été résumés par Beck dans sa « triade cognitive négative », consistant en une vision négative de soi, du monde et du futur que l'on observe dans les dépressions de l'adolescent. L'adolescent déprimé se déprécie et se critique. Les pensées d'insuffisance, d'inadéquation, d'infériorité peuvent conduire à la croyance de n'être pas désiré ou d'être rejeté. Il peut se rendre responsable des expériences négatives qu'il vit, les attribuant à un défaut physique, mental ou moral. Le monde est conceptualisé comme décevant, dépourvu d'attrait ou hostile, accablant l'adolescent de contraintes excessives et opposant des obstacles insurmontables à ses projets. A l'égard du futur prévaut le désintérêt, le pessimisme ou le désespoir : l'adolescent prévoit la persistance de ces difficultés et anticipe l'insuccès de ses entreprises, attentes qui provoquent le découragement et la perte des motivations. En ce qui concerne le passé, l'adolescent tend à se souvenir sélectivement des expériences négatives de souffrance, de frustration et d'échec qu'il majore au détriment des évocations neutres ou positives qu'il oublie ou minimise.

Ces cognitions dépressives sont dépendantes d'interprétations négatives qui sont seules considérées, malgré la possibilité d'alternatives plus favorables qui ne sont pas envisagées. Ces interprétations négatives résultent d' « erreurs cognitives systématiques » comme l' « inférence arbitraire » qui est une déduction injustifiée en l'absence de preuve ou en présence d'arguments contraires, ou l' « abstraction sélective » où le déprimé sélectionne automatiquement dans une situation complexe les informations qui peuvent lui paraître concordantes avec sa vision pessimiste et négative alors qu'il ignore ou néglige les autres, ou encore la « surgénéralisation » où le déprimé tire des conclusions générales et définitives d'un incident unique.

Des données empiriques confirment la présence et la prépondérance de ces cognitions erronées chez les adolescents déprimés (Kovacs et Beck, 1977).

Ces cognitions dépressives reflètent des « prémisses fondamentaux dépressifs » ou « suppositions silencieuses » qui peuvent devenir la base des évaluations et des stratégies de résolution des problèmes des déprimés. Ces affirmations, en général implicites et informulées, peuvent être déduites des propos, des évaluations et des réactions du déprimé qu'elles influencent à son insu.

Elles se présentent comme des règles inflexibles et rigides procédant soit d'obligations excessives et déraisonnables que Ellis avait décrit comme la « tyrannie des devoirs » (« Je dois être parfait en toute chose »), soit d'une pensée dichotomique extrémiste, fonctionnant sur le mode du tout ou rien, ignorant les nuances et les intermédiaires (« Si tout le monde ne m'aime pas, je ne vaux rien. »)

Beck intègre dans la notion de « schémas dépressogènes » des ensembles de processus cognitifs qui sélectionnent, codent, catégorisent, évaluent et interprètent les informations présentes dans des situations pour les déformer dans un sens négatif. Ces schémas représentent des « structures cognitives » stables. Habituellement latents, les schémas dépressogènes sont activés par des situations d'échec, de rejet, de perte et se substituent à des modes plus appropriés d'organiser, d'évaluer les informations et de conceptualiser les situations. Leur activation déterminerait les autres symptômes de la dépression. Ces schémas cognitifs pathogènes seraient acquis dans l'enfance sous l'influence d'expériences négatives précoces de pertes ou de rejet. Une éducation autoritaire, aux règles rigides et exigeantes, ou le « modelage » par un parent déprimé peuvent participer au développement de ces schémas dépressogènes.

C) *Approche cognitivo-comportementale du rôle de la dépression des parents.* — Elle indique certains déterminismes de la dépression des enfants de parents déprimés. On a avancé que les perturbations affectives, cognitives et comportementales de la dépression pouvaient altérer la compétence parentale. Les déprimés peuvent réagir par des attitudes punitives excessives aux comportements négatifs de leurs enfants alors qu'ils négligent, sous-estiment et omettent de renforcer les comportements positifs. Ces anomalies des renforcements peuvent participer à l'apprentissage des comportements dépressifs des enfants. Par leur désintérêt, ils peuvent pousser l'enfant ou l'adolescent à chercher à attirer leur attention par des comportements inadéquats. La déception et l'hostilité qu'ils expriment aux enfants, leurs propos dépréciateurs peuvent concourir à donner à ces enfants une conception négative d'eux-mêmes et des relations interpersonnelles. L'apprentissage social peut conduire à la contagion des affects, des cognitions et des comportements dépressifs.

2. **Approche systémique.** — Elle considère la famille comme un système dont les dysfonctionnements expliquent habituellement les désordres psychiques des individus qui la constituent. La réflexion théorique et les interventions thérapeutiques se sont déplacées des troubles de la communication aux perturbations de l'organisation familiale qui les sous-tendent (Haley, 1980).

L'approche systémique souligne que les troubles du comportement des enfants et des adolescents ont une fonction homéostatique de stabilisation de l'organisation familiale. L'adolescence peut mettre en danger l'équilibre de la famille. Parfois les parents ont communiqué principalement au travers d'un enfant particulier et ne savent pas aborder leurs problèmes autrement que par son intermédiaire. Cet enfant indispensable au fonctionnement conjugal peut être maintenu dans une relation de dépendance à ses parents. Il se montre souvent timide et renfermé, incapable de développer des relations sociales en dehors de sa famille. Une menace que l'enfant se détache de la famille peut révéler les difficultés conjugales et les parents peuvent menacer de se séparer. L'approche d'un succès scolaire, social ou professionnel de l'adolescent représente une promesse d'autonomisation qui peut déclencher la crise familiale. La famille devient instable et tous ses membres peuvent être perturbés. Si les conduites de l'adolescent sont désignées comme le problème, elles s'aggravent. Les comportements des autres membres de la famille se stabilisent et apparaissent comme réactionnels aux difficultés de l'adolescent. Les troubles du comportement de l'adolescent ou son échec scolaire, social ou professionnel permettent aux parents de continuer de communiquer au travers de lui et de ses problèmes et à l'organisation familiale de rester stable. Ces troubles du comportement sont variés mais ils ont pour fonction commune de prévenir l'adolescent de se dégager de sa famille. Les problèmes de l'adolescent deviennent un centre d'attention qui distrait les parents de leurs conflits et les oblige à fonctionner plus positivement pour faire face à ses difficultés (Haley, 1980).

Les désordres du comportement de l'adolescent peuvent aussi être une réponse à toutes difficultés des parents, problèmes socioprofessionnels, maladies physiques ou psychiques. Les parents sont poussés à surmonter leurs propres problèmes et à s'unir pour faire face ensemble aux difficultés de leur enfant. Les comportements déviants de l'adolescent les aident à se sentir plus les parents d'un enfant qui a besoin d'eux que des individus dépassés par leurs difficultés personnelles, économiques ou sociales. L'adolescent peut ainsi avoir une influence positive sur ses parents qu'il protège et rapproche, pouvant prévenir leur séparation (Madanes, 1981).

A cette fonction sociale de protection des parents et de stabilisation de la famille s'ajoute une fonction métaphorique : les comportements déviants sont aussi un message aux membres de la famille et à son entourage. Ils peuvent être considérés comme une métaphore, représentant les difficultés de la famille (Haley, 1980). La similitude des problèmes, des comportements déviants de l'adolescent et d'un parent est souvent observée : la dépression de l'adolescent peut répondre à celle d'un parent ; l'adolescent peut être toxicomane et un parent alcoolique ; l'adolescent peut être violent et le père battre la mère (Madanes, 1981). Une tentative de suicide chez l'adolescent peut signaler un risque suicidaire chez un des parents (Haley, 1980). L'interaction des parents autour du problème de l'adolescent devient également une métaphore de leur interaction autour de leurs propres difficultés. Le système d'interaction autour du symptôme est une analogie des autres systèmes d'interaction dans le mariage (Madanes, 1981).

La dépression de l'adolescent peut aider le parent à dépasser sa propre dépression et ses désirs suicidaires pour s'occuper de l'adolescent. Quand il a été parentifié du fait de la faiblesse ou de la dépression du parent, l'adolescent peut rétablir le parent dans son rôle en devenant déprimé : en adoptant le rôle de malade, l'adolescent donne l'occasion au parent de prendre soin de lui et de retrouver son statut de responsabilité.

Les comportements déviants de l'adolescent expriment analogiquement un problème familial dont il représente une tentative de solution souvent insatisfaisante et malencontreuse. Les parents peuvent ne pas réussir à s'entendre et à s'unir pour résoudre les problèmes de l'adolescent qui accroissent leur division (Haley, 1980). Il peut se produire alors une escalade symétrique entre les tensions conjugales et les difficultés de l'adolescent. Une coalition transgénérationnelle peut s'organiser, l'un des parents s'alliant à l'adolescent contre l'autre. Les troubles du comportement de l'adolescent peuvent n'aider les parents que temporairement : en leur évitant la confrontation à leur problème, ils peuvent en empêcher la solution (Madanes, 1981).

La fonction de protection du désordre de l'adolescent crée une incongruité hiérarchique : alors que les parents sont normalement en position supérieure par rapport à l'adolescent, son rôle protecteur le place en position supérieure, juxtaposant deux hiérarchies concurrentes et incongrues (Madanes, 1981). A cette fonction protectrice initiale peut se substituer une lutte de pouvoir et la « tyrannie » imposée aux parents par l'adolescent, l'incongruité hiérarchique évoluant vers un renversement hiérarchique. L'adolescent peut dominer ses parents et les réduire à l'impuissance par ses attitudes d'opposition et de refus, par la menace de violences, de conduites dangereuses, de passage à l'acte suicidaire ou toxicomaniaque.

Ce renversement peut être facilité quand les parents ont utilisé l'adolescent pour exprimer leur conflit : par exemple la mère encourage la fille à désobéir au père qui attaque sa fille quand il est en colère contre la mère (Minuchin, 1974). L'adolescent sert alors d'émissaire sur qui se décharge l'agressivité des parents. Les rôles peuvent s'inverser et la victime peut devenir le persécuteur de ses parents. Quand le contrôle de la situation échappe aux parents, ils peuvent faire intervenir les professionnels de la santé mentale. La famille peut détourner les interventions thérapeutiques au profit de l'homéostasie, pour le retour à la situation antérieure, sans changement véritable de la problématique familiale (Haley, 1980 ; Madanes, 1981).

Les conflits familiaux irrésolus conduisent au « déplacement du symptôme » dans la famille ou à la reprise des problèmes de l'adolescent.

3. **Approche psychanalytique.** — La psychanalyse a lié la dépression aux vicissitudes du développement. Elle a déplacé l'attention de la symptomatologie apparente à la problématique qui la détermine. Cette problématique dépressive renvoie à une perte d'objet d'amour ou à ce qui est ressenti comme tel ou à une baisse de l'estime de soi. La problématique de perte peut être manifeste ou masquée. Elle peut alors être inférée des données d'entretiens psychodynamiques ou se révéler dans la psychothérapie où elle peut s'organiser dans un vécu dépressif rendu tolérable par l'étayage relationnel (Jeammet, 1985). Le terme de dépression masquée devrait être réservé aux cas où le soutien du thérapeute permet à l'adolescent de se confronter à la dépression qu'il évitait par un symptôme ou un trouble du comportement. La problématique dépressive peut s'exprimer dans certains troubles du comportement où le passage à l'acte peut venir se substituer à une prise de conscience insupportable. Elle serait constamment présente dans l'anorexie mentale et la boulimie, dans la toxicomanie

et l'alcoolisme (Jeammet, 1985). La dépression peut y être manifeste ou devenir facilement reconnaissable au cours de la psychothérapie. Elle peut aussi être rendue difficilement accessible par l'organisation figée des défenses maniaques décrites par M. Klein. La psychopathie de l'adolescent a pu être liée à l'impossibilité de la confrontation et de l'élaboration de la position dépressive. Le mode de relation d'objet du psychopathe marqué par l'instabilité, l'inaffectivité, le contrôle et la manipulation peut renvoyer à ces défenses maniaques. Ainsi, dans un apparent paradoxe, la psychanalyse suggère que les problématiques dépressives les plus préoccupantes sont celles où la dépression, en tant que confrontation et occasion d'élaboration de la position dépressive, est impossible.

Cette problématique dépressive est liée à la réactivation des conflits infantiles sous les effets conjugués de la poussée instinctuelle pubertaire de la sexualité et de l'agressivité et des défis et des tâches du développement à l'adolescence.

On doit à Laufer une contribution essentielle et la compréhension de cette psychopathologie de l'adolescence (*Adolescence and Developmental Breakdown,* Laufer et Laufer, 1984). Leurs expériences de traitement psychanalytique d'adolescents leur permet de rattacher les psychopathologies sévères de l'adolescence à une rupture du développement, à un échec du processus d'intégration de l'image du corps physiquement mature à la représentation de soi conduisant à un rejet du corps sexué. La tâche principale du développement à l'adolescence est l'établissement de l'organisation sexuelle définitive où la représentation du corps inclut des organes génitaux physiquement matures. Ce n'est qu'à l'adolescence que le contenu des désirs sexuels et les identifications œdipiennes s'intègrent dans une identité sexuelle irréversible. La puberté, son activation pulsionnelle et sa maturation génitale provoque le réaménagement de la résolution du complexe d'Œdipe. Les désirs sexuels prégénitaux et génitaux, les identifications sexuelles principales s'organisent et se fixent lors de la résolution du complexe d'Œdipe dans ce que Laufer dénomme « le fantasme masturbatoire central » qui à la puberté est éprouvé dans le contexte de la maturation physique génitale qui lui donne une nouvelle dimension incestueuse. L'inceste et le parricide peuvent devenir des réalités et la revanche œdipienne devient possible (Laufer et Laufer, 1984).

L'adolescent peut normalement utiliser les fantasmes et les comportements auto-érotiques et hétérosexuels pour inclure ses organes génitaux matures dans son image du corps et pour reconnaître et intégrer les organes génitaux de l'autre sexe. Ce n'est qu'après la puberté que le pénis et le vagin sont éprouvés comme des organes actifs intégrés à la représentation du corps.

Ce processus réclame de renoncer aux désirs incestueux, de se libérer de la culpabilité et de la haine œdipienne, de restaurer les parents œdipiens, ce qui ouvre la possibilité à l'identification du corps avec celui du parent œdipien et à l'identification à la sexualité des parents. L'adolescent est alors capable « d'éprouver la génitalité comme son droit que lui ont donné ses parents œdipiens » et de se ressentir en possession de son corps (Laufer et Laufer, 1984).

Ce développement est enrayé, dévié ou arrêté quand l'organisation des défenses ne peut maintenir réprimés les fantasmes et les désirs œdipiens et préœdipiens. Leur interruption dans la conscience provoque des sentiments de détresse, d'angoisse, de culpabilité et d'anormalité. Elle est ressentie comme une menace de désorganisation et une perte de contact avec la réalité. La masturbation et les fantasmes masturbatoires sont éprouvés alors comme une perte de contrôle du corps, comme une soumission passive à une force contre laquelle ces adolescents se sentent désarmés. Le corps sexué est vécu comme la source de ces fantasmes, de ces désirs tenus pour honteux et pervers. Le corps sexué qui leur impose ces désirs et cette activité masturbatoire réprouvée est vécu comme un ennemi et un persécuteur. Ces adolescents ressentent leur corps comme détaché d'eux et appartenant toujours à la mère. Ils se vivent soumis passivement à une mère omnipotente, effrayante qui peut les engloutir. La mère internalisée est perçue comme une persécutrice responsable de la perte de contrôle de leurs désirs et de leur corps. Ils reprochent à la mère de n'avoir pas protégé l'état de perfection narcissique de l'enfance. La haine du corps et celle de la mère se confondent et le corps peut être utilisé pour actualiser le fantasme de destruction de la mère (Laufer et Laufer, 1984).

La puberté représente pour ces adolescents la perte de la sécurité et de la perfection narcissique liée au corps infantile et à la relation de dépendance aux objets œdipiens qu'il autorise. « La perte des imagos de l'enfance et la perte de soi enfant, donc la perte d'une partie de soi-même » (Kestemberg, 1986) est au centre de la problématique dépressive de ces adolescents. La puberté signifie pour eux la possibilité de l'inceste et la destruction des identifications œdipiennes. L'adolescent qui a vécu cette rupture peut rester convaincu que la possibilité de renoncer aux choix incestueux lui échappe et que le parent œdipien lui refuse de devenir un être sexué en possession de son corps (Laufer et Laufer, 1984).

Les conséquences de cette rupture du développement peuvent être immédiates dès la puberté ou retardées dans l'adolescence et être alors moins sévères. L'expression symptomatique de ces ruptures du développement peut prendre des aspects divers : la problématique sexuelle peut y être manifeste se révélant par une masturbation compulsive, par une promiscuité sexuelle où l'anhédonie et l'autodestruction sont habituelles, par une homosexualité ou au contraire par un ascétisme réprimant et déniant tout désir sexuel. La haine du corps peut s'exprimer par des conduites suicidaires, des automutilations ou une toxicomanie qui témoigne également d'une attitude régressive et passive d'abandon. Le refus du corps sexué peut se traduire par une anorexie mentale visant à retrouver le corps prépubère. L'anxiété liée au corps sexué peut être limitée à un aspect ou une fonction du corps et se révéler par des préoccupations dysmorphophobiques ou hypocondriaques. Enfin, les symptômes d'allure psychotique résultent de la perte de réalité et de la désorganisation psychique sous la poussée régressive des désirs prégénitaux.

Ces adolescents apparaissent souvent déprimés, laissant percevoir des sentiments envahissant de désespoir, de désintérêt, de haine de soi, d'anormalité et d'échec. Ils pensent que rien n'a changé depuis des années et que rien ne peut changer (Laufer et Laufer, 1984).

La rupture du développement à l'adolescence peut renvoyer à une perturbation du déroulement des stades œdipiens et préœdipiens qu'elle réactive en retour. L'agressivité contre la mère qu'elle détermine accentue la réactualisation à l'adolescence de phases précoces du développement dont on a donné deux formulations principales l'une se référant à la séparation-individuation, l'autre à la position dépressive.

L'adolescence normale a été considérée comme une

deuxième phase de séparation-individuation dont les vicissitudes sont liées au déroulement de la première (Blos, 1967). La recherche de l'autonomie peut exposer l'adolescent à un intolérable sentiment de solitude et d'abandon qui est une menace d'annihilation alors que la poursuite de la dépendance représente la fusion symbiotique à la mère et la réincorporation destructive. L'adolescent est alors confronté à une impasse du développement qui peut s'exprimer par une symptomatologie dépressive.

Les sentiments de perte inhérents à l'adolescence, l'agressivité contre les parents réveillent les angoisses de la position dépressive d'autant qu'elle a été insuffisamment élaborée. A la phase schizoparanoïde succède la position dépressive sous l'effet de la tendance à l'intégration qui amène le nourrisson à reconnaître la mère comme un objet total et à être confronté à son ambivalence (M. Klein). Il craint que ses pulsions agressives n'anéantissent le bon objet dont il dépend entièrement. Le deuil et la nostalgie de l'objet aimé ressenti comme perdu, le désespoir et la culpabilité de l'avoir détruit constituent une épreuve dépressive originelle. Cette position dépressive n'est jamais complètement élaborée, toute perte ultérieure faisant revivre l'angoisse de perdre le bon objet interne. Le nourrisson essaie de surmonter cette souffrance dépressive par la réparation et, quand elle est insuffisante, par les défenses maniaques. L'organisation des défenses maniaques inclut des mécanismes de la phase schizoparanoïde comme le déni, le clivage, l'identification projective visant à éviter les sentiments de dépression, de culpabilité et de dépendance. Elles s'expriment par une relation maniaque aux objets caractérisée par le contrôle omnipotent, le triomphe et le mépris qui ont pour but de dénier les sentiments dépressifs de valoriser l'objet et d'en dépendre. Les adolescents, plus que les adultes, utilisent ces défenses maniaques pour lutter contre la dépression et les sentiments dépressifs. Ces défenses maniaques participent souvent à masquer la dépression et peuvent fixer l'adolescent dans une attitude définitive d'évitement de la confrontation à la position dépressive.

La compréhension de la psychodynamique de la dépression de l'adolescent nécessite d'analyser le fonctionnement familial passé et le fonctionnement présent qui en réalise en partie la réactualisation.

Les difficultés de l'adolescence peuvent aussi renvoyer aux conflits de développement des parents que les vicissitudes du développement de leur enfant ont réveillés, l'adolescence provoquant une régression familiale. La problématique dépressive de l'adolescent a été mise en relation avec les conflits non résolus de l'enfance et de l'adolescence de ses parents interférant avec son développement infantile et le processus de l'adolescence. Les rapports d'hostilité et les attitudes de rejet qu'ils conditionnent dans la famille ont une place souvent essentielle dans la genèse de la dépression de l'adolescent.

Les réactivations des conflits œdipiens de l'adolescent et de ceux de ses parents sont en interaction. Les désirs œdipiens des parents ou les défenses qu'ils établissent contre eux influencent leurs attitudes à l'égard du corps de l'adolescent et de sa sexualité. L'angoisse et la culpabilité œdipiennes projetées sur l'adolescent ou les attitudes de jalousie ou de séduction également culpabilisantes pour lui compromettent l'intégration du corps sexué qu'elles lui font éprouver comme mauvais. Les parents revivent au travers de leur enfant les vicissitudes de leur adolescence. Le corps sexué de leur enfant s'identifie au corps de leur adolescence passée. Les difficultés à accepter leur corps sexué à l'adolescence peuvent leur faire refuser le corps sexuellement mature de leur enfant.

Les attitudes des parents à l'égard du corps de l'adolescent peuvent transmettre le message conscient ou inconscient que ce corps est mauvais, refusé ou haï à cause des désirs qu'il éveille ou des souvenirs qu'il évoque. Leurs difficultés sexuelles, le vécu négatif actuel de leur corps sexué peuvent troubler l'identification du corps avec celui du parent œdipien et l'identification à la sexualité des parents et peuvent perturber l'accession à la génitalité.

Pour l'adolescent comme pour ses parents la maturation du corps signifie la nécessité de renoncer à des relations de dépendance qui active l'ambivalence et les angoisses d'abandon réciproques. Les déviances de la seconde phase de séparation-individuation prolongent celles de la première et témoignent généralement qu'un des parents ou les deux ont échoué dans leur propre processus de séparation de leurs parents.

L'individuation de l'adolescent peut être perturbée par les projections des parents. La réactivation de leurs conflits œdipiens et de leurs conflits de dépendance peut les conduire à projeter sur l'adolescent les parties mauvaises et refusées d'eux-mêmes et à externaliser dans leur relation avec l'adolescent leur pathologie des objets internalisés. L'adolescent doit décharger les parents de ce qu'ils rejettent en eux-mêmes. L'adolescent devient alors le dépositaire des mauvaises parties des parents auxquelles il s'identifie d'autant qu'elles renvoient à ses propres conflits et à sa pathologie des relations d'objets internalisés. La régression familiale active l'usage de l'identification projective qui a pu être considéré comme un mode de fonctionnement fréquent dans les familles perturbées où parents et adolescents l'utilisent dans un mouvement réciproque.

La problématique dépressive peut correspondre à des dynamiques familiales plus spécifiques liées chez l'adolescent à un fonctionnement proche de la personnalité limite ou narcissique.

Dans les familles d'adolescents à fonctionnement limite, les parents semblent avoir connu des expériences symbiotiques précoces satisfaisantes interrompues traumatiquement par les vicissitudes de la phase de séparation-individuation (Shapiro et Freedman, 1987), processus qui se reproduit chez leur enfant (Laufer et Laufer, 1984). Les conflits de dépendance des parents sont ravivés dans leur relation à l'adolescent où les parents réagissent par une exagération de l'ambivalence et une projection de l'agression aboutissant à aliéner le « mauvais » adolescent de sa famille « entièrement bonne » (Zinner et Shapiro, 1975 ; Shapiro et Freedman, 1987). L'adolescence est inconsciemment éprouvée comme la perte de l'union fantasmatique à la mère. L'adolescent y répond par des efforts compulsifs de retrouver la relation physique précoce satisfaisante avec l'objet originel. Cette recherche le rend vulnérable à la perte de contrôle de son agressivité sous l'effet de la frustration de ses besoins primitifs (Shapiro, 1978 ; Laufer et Laufer, 1984). A cette frustration peut répondre la dépression et le suicide, tentative de réunion avec le corps gratifiant de la mère (Shapiro et Freedman, 1987).

Dans les familles dont les adolescents fonctionnent sur le mode d'une personnalité narcissique, l'enfant n'existe pour les parents qu'en tant que moyen de satisfaire leurs besoins narcissiques. Ils ne répondent qu'aux aspects de l'enfant qui soutiennent et stabilisent leur estime de soi. Ces parents sont certains de savoir ce que leur enfant doit être (Shapiro, 1982) et ne lui reconnaissent pas le droit d'avoir des besoins personnels. Pour protéger le parent et préserver la relation, l'enfant s'efforce de devenir celui que les parents exigent (Shapiro et Freedman, 1987). Ces enfants sont privés d'une expérience précoce suffisamment gratifiante d'un investissement aimant de leur corps par leur mère. Le renouvellement à l'adolescence des frustrations précoces de leurs besoins corporels provoque un sentiment de désespoir et de dépendance à une mère intrusive et toute-puissante à laquelle l'adolescent doit se soumettre passivement pour satisfaire ses besoins et pour survivre (Laufer et Laufer, 1984) : « Faire que le corps se sente mort et sans besoin est la seule défense contre le fait d'éprouver le désir de s'abandonner à l'intrusion de la mère » (Laufer, 1981). Ces adolescents exigent d'eux-mêmes un contrôle total de leur corps et s'organisent pour se défendre contre la frustration de leurs besoins libidinaux. Ils craignent de ne pouvoir contrôler l'agression liée à leur besoin de se venger de l'absence de gratification et de la peine provoquée par le sentiment de vide. L'absence d'espoir d'obtenir des satisfactions libidinales est écarté par l'impression d'un sentiment narcissique d'autosuffisance (Modell, 1975 ; Laufer et Laufer, 1984). Quand ces mécanismes de défense défaillent, surviennent la dépression ou les menaces de suicide. Le suicide peut apparaître comme un effort désespéré de se contrôler, comme le seul moyen de priver la mère, de devenir actif et de parvenir à un sentiment de possession du corps (Laufer et Laufer, 1984 ; Shapiro et Freedman, 1987).

La confusion du fantasme et de la réalité liée à la convergence des conflits intrapsychiques et relationnels peut être aggravée par la survenue d'événements négatifs entrant en résonance avec eux. Un événement malheureux frappant les parents confirme l'adolescent dans la toute-puissance de ces désirs hostiles (Friedman et coll., 1972). Les conflits, les menaces de séparation ou le divorce des parents, la maladie d'un parent représentent l'actualisation catastrophique d'un fantasme susceptible de déclencher une crise anxieuse, dépressive ou suicidaire. L'échec d'une relation amoureuse, un refus renforce l'adolescent dans le sentiment qu'il est inacceptable. L'expression symptomatique de la problématique dépressive se développe souvent à l'occasion de la collusion des craintes internes et d'événements négatifs qui paraissent les confirmer.

Réponse aux conflits du développement à l'adolescence, la dépression peut y renvoyer à des mécanismes multiples, souvent intriqués : elle peut être ainsi une réaction à la perte de l'union fantasmatique à la mère gratifiante, à la frustration des besoins libidinaux et narcissiques, à l'agressivité contre les parents internalisés ou au retournement de l'agressivité contre le moi et le corps ; elle peut être une protection contre la soumission à une mère intrusive toute-puissante ou au contraire l'acceptation et l'actualisation du refus de la vie émotionnelle de l'adolescent par ses parents.

Bowlby, dans une réflexion originale issue de la psychanalyse et inspirée par l'éthologie a rattaché la dépression aux vicissitudes de l'évolution des perturbations des liens précoces à la mère. La frustration des besoins de confort, de protection, de sécurité, les attitudes de négligence et de rejet peuvent conditionner un mode d'attachement anxieux de même que les attitudes d'intrusion, de découragement de l'exploration et de l'autonomie de mères qui, ayant manqué d'une base de sécurité dans l'enfance, cherchent à inverser la relation en faisant de leur enfant leur propre figure d'attachement. Les modes d'attachements anxieux, où l'enfant craint ou s'attend à être rejeté, persistent et se renforcent parce que les attitudes parentales tendent à rester inchangées et les comportements de l'enfant à provoquer des réponses défavorables des parents. Si dans les premières années ces modes d'attachement et les traits de personnalité qui y sont associés restent sensibles à l'environnement, ils tendent ensuite à se fixer et à résister au changement. Ces enfants et ces adolescents tendent à imposer ces modes d'attachement aux nouvelles relations, même si ils y sont inadaptés, et à y répéter les difficultés rencontrées dans le lien précoce à la mère. Leur estime de soi faible, leur défaitisme et leur détresse, et leur vulnérabilité aux événements stressants peut induire la dépression comme aboutissement d'un développement dévié (Bowlby, 1988).

4. **Approche sociologique.** — L'adolescence en tant que condition socioculturelle est déterminée par les changements de la société, de la famille, et des valeurs des adultes. La société actuelle montre une capacité diminuée à offrir des valeurs et des espoirs de statuts aux adolescents. L'inaptitude de nos institutions à proposer un rôle convenable à chacun a été suggérée comme un modèle sociologique de la dépression chez l'adulte et l'adolescent (Klerman, 1976 ; Kashani et coll., 1981). Le chômage, particulièrement élevé chez les jeunes, peut leur donner l'impression que la société les refuse. Les adolescents peuvent se laisser décourager par l'évolution actuelle de la société dont les exigences paraissent leur opposer des obstacles insurmontables. Les difficultés scolaires, dont la fréquence est alarmante, représentent une menace d'échec socioprofessionnel et participent aux sentiments de déses-

poir et de résignation associés à la conscience de l'impuissance économique et sociale.

Quittant la sécurité du rôle de l'enfant, conformiste et dépendant, et doutant d'accéder au statut d'adulte intégré socioprofessionnellement, l'adolescent peut vivre une situation angoissante et déprimante de marginalité, d'incertitude d'appartenance et d'altération de l'estime de soi.

Les sentiments d'exclusion, de solitude et d'infériorité, poussent l'adolescent à chercher une position sociale dans la sub-société des adolescents. La participation à des groupes d'adolescents marginaux peut le fixer dans une identité sociale négative, d'autant qu'ils suscitent des attitudes de rejet hostile de la part des adultes. Dans notre société, les conflits de générations s'accroissent. Les adolescents redeviennent, dans la situation économique actuelle, une menace pour les adultes et leur emploi. Les tensions sociales cherchent un exutoire et s'expriment à l'encontre des minorités auxquelles la sub-société des adolescents peut être identifiée (Brody, 1968). Les préjugés à l'égard des adolescents, les stéréotypes sociaux négatifs dont usent les adultes pour les définir, peuvent aggraver les sentiments de rejet des adolescents.

Les difficultés économiques, les conflits politiques et sociaux, la montée du chômage et de la pauvreté renvoient aux adolescents une image négative de la société et du monde des adultes.

La distance entre les valeurs prônées et la réalité d'une société souvent inhumaine et aliénante peut apparaître tragiquement à l'adolescent. Par son mode de pensée entier et idéaliste, il peut la condamner globalement, refusant l'identification aux adultes et risquant de se bloquer dans une adolescence sans issue.

Le refus des valeurs incertaines et factices des

adultes accroît la confusion d'identité et le sentiment de solitude des adolescents, d'autant qu'ils sont privés du soutien d'une contre-culture adolescente cohérente : à la révolte des années 60, ont succédé l'indifférence et l'apathie des années 70 et le désespoir des années 80 (McCartney, 1987).

L'état de crise permanent où s'installe notre société crée un climat d'insécurité collective. Les menaces qui pèsent sur leur avenir économique et leur emploi, la crise des valeurs morales rendent les parents anxieux et incertains de leur rôle. L'isolement croissant des parents les prive de soutien et de modèle : les familles nucléaires sont majoritaires alors que la fréquence des familles monoparentales augmente régulièrement.

Le divorce est éprouvé par la plupart des adolescents comme une perte personnelle, familiale et sociale. Il peut provoquer des sentiments de culpabilité car l'adolescent peut s'en rendre responsable, d'autant plus que ses parents l'ont désigné comme la cause de leurs conflits.

Le divorce perturbe le développement interférant avec les processus de séparation de la famille et d'acquisition d'une identité adulte. Une réaction défensive fréquente consiste dans l'arrêt prématuré de la formation de l'identité, comme par exemple l'adoption non critiquée des comportements du parent absent (Jellinek et Slovik, 1981).

L'usage de drogue ou d'alcool, les comportements de type antisociaux peuvent apparaître comme des moyens de lutter contre les sentiments de honte, l'anxiété et la dépression et comme des tentatives de tester les limites de la nouvelle organisation familiale. La sexualité précoce y ajoute la recherche compensatrice et régressive d'une relation anaclitique.

Beaucoup d'adolescents du divorce sont parentifiés poussés dans une pseudo-maturité, et confrontés à la tâche écrasante et insécurisante de soutenir leur propre parent. Les parents de notre société actuelle, souvent en difficultés économiques, sociales ou morales, incertains de leurs valeurs et de leurs rôles, représentent pour Lebovici (1976) un idéal du moi décevant. Reprenant une distinction de Pasche (1969), il voit là l'origine de certaines dépressions de l'adolescent, qualifiées de « dépressions par infériorité », « véritables maladies de l'idéalisation » par opposition aux « dépressions par culpabilité ».

Manquant de confiance dans leurs valeurs, et incertains des objectifs éducatifs à poursuivre, les parents actuels peuvent en venir à éviter les conflits avec les adolescents au lieu de les assumer. Le laxisme qui supprime les limites, les repères et les modèles indispensables induit chez l'adolescent un sentiment d'insécurité. Ces adolescents rencontrent une complaisance et une approbation alors qu'ils voudraient se heurter à des restrictions contre lesquelles lutter. Les méthodes éducatives permissives combinées aux conditions actuelles de stimulation prématurée de l'agressivité et de la sexualité risquant de déborder les capacités de maîtrise du moi ont été considérées comme participant aux déterminismes de la psychopathologie de l'adolescent (Weintraub, 1968).

La société actuelle soumet l'adolescent à des conditions négatives associant en particulier crises sociale et économique, menace du chômage, attitudes de rejet à l'égard de la minorité adolescente et dissociation de la famille.

Ainsi la dépression de l'adolescent peut apparaître « non comme une pathologie mais comme une réponse inévitable à un monde frustrant » (McCartney, 1987).

5. **Approche biologique.** — Dans l'état actuel des recherches, l'approche biologique ne propose que des

hypothèses sur les perturbations biologiques associées à certains états dépressifs : « Il n'existe pas de modèle biologique de la dépression » (Zarifian, 1985). Les hypothèses monoaminergiques lient la dépression à des anomalies de la neuro-transmission noradrénergique et sérotoninergique, en particulier. Ces perturbations de la neuro-transmission pourraient être en rapport avec une prédisposition génétique.

Dans une hypothèse intégrant origine endogène et influence de l'environnement, le déterminisme génétique des dépressions pourrait s'exprimer par une vulnérabilité particulière aux situations de perte.

III. — Déterminismes multifactoriels des dépressions

L'étiologie des dépressions de l'adolescent peut renvoyer à divers déterminismes, en particulier à un événement traumatique comme une rupture familiale par mort ou séparation, à des stress chroniques liés à des relations ambivalentes ou insuffisamment gratifiantes aux parents, à des tâches du développement que l'adolescent ne peut maîtriser, à des exigences sociales auxquelles l'insuffisance de ses compétences ne lui permet pas de satisfaire. La vulnérabilité génétique à une dépression rend l'adolescent plus sensible à ces conditions négatives.

La complexité des dépressions en tant que fait personnel, familial et social les rend irréductibles à une perspective monadique, réduite à une psychogenèse simpliste. Les différentes approches de la dépression ne s'excluent pas mais se complètent. Leurs apparentes contradictions doivent être dépassées pour parvenir à une vision plus globale du phénomène dépressif. En s'intéressant à différents niveaux de déterminismes, elles concourent à une compréhension plus générale des dépressions de l'adolescent.

La dépression apparaît comme une voie finale commune intégrant des facteurs sociofamiliaux, psychologiques et biologiques. Le jeu de ces facteurs ne peut être saisi au travers de relations linéaires de cause à effet : ces facteurs interagissent et s'influencent réciproquement de manière cyclique. C'est à des relations de causalités circulaires qu'il faut faire appel pour expliquer le déterminisme des dépressions. Les déterminismes psychologiques, individuels et familiaux associent des perturbations affectives, cognitives, une déficience ou une déviance de la communication, des conflits inconscients qui sont en interaction. Les conflits inconscients s'externalisent dans les modes de relation et de communication qui définissent l'organisation hiérarchique : les approches psychanalytiques, comportementales et systémiques s'intéressent à des aspects, à des manifestations diverses des mêmes processus.

Les comportements dépressifs influent en retour sur les conditions qui les ont déterminés : aux déterminismes primaires s'ajoutent des déterminismes secondaires. Les conséquences mêmes de la dépression participent à l'entretenir. La logique de l'échec et de la rupture qu'elle conditionne, aggrave la dépression.

La dépression compromet et dégrade l'adaptation sociale et familiale, scolaire ou professionnelle. L'adolescent peut avoir l'impression légitime qu'il lui sera impossible de rattraper le temps perdu lors de la dépression. Les comportements dépressifs peuvent induire des attitudes d'incompréhension, de rejet et d'hostilité de l'entourage qui confortent l'adolescent dans sa vision négative de lui-même et des autres : les parents et les enseignants voient souvent l'adolescent déprimé comme paresseux, irresponsable, immature et insubordonné.

La dépression infléchit négativement le développement social. Les adolescents déprimés tendent à s'isoler ou à être rejetés par leurs camarades. Doutant de leur valeur personnelle, ils pensent souvent qu'ils ne peuvent être acceptés que par l'imitation des autres, ce qui les rend vulnérables aux suggestions négatives du groupe concernant en particulier l'usage de drogue ou d'alcool et la participation à des activités sexuelles. L'isolement ou la passivité sociale les privent d'occasion d'apprentissage des comportements de communication qui restent ou deviennent déficients.

La dépression suscite des réactions familiales susceptibles de l'aggraver. La dépression de l'adolescent peut représenter une blessure narcissique pour les parents qui peuvent éprouver de l'hostilité envers l'adolescent qui les frustre de leur espoir de satisfaire à travers lui les exigences de l'idéal du moi de leur propre adolescence. Les parents sont d'autant plus intolérants à la dépression qu'elle les confronte à leurs faiblesses et qu'elle réveille les souffrances de leur adolescence. Cette réactivation fonctionne « comme une force « fantôme » que l'adolescent internalise comme un fardeau supplémentaire » (Rogers, 1987). Les réactions de déni de la douleur morale de l'adolescent ou les réponses hostiles augmentent les sentiments d'abandon de l'adolescent.

Dans d'autres cas, la dépression va être renforcée par les attitudes surprotectrices de l'entourage et par l'évitement des situations difficiles qu'elles autorisent. L'adolescent déprimé se laisse aller à des attitudes régressives, encouragées par l'entourage dont elles satisfont les besoins.

A ces déterminismes multiples répondent les sens et les fonctions contradictoires de la dépression. Elle réalise une communication ambiguë, ambivalente. Les comportements dépressifs peuvent avoir la valeur d'une communication non verbale venant remplacer la communication verbale dont elle révèle l'impossibilité ou le refus. La dépression représente un message hostile de reproche (voyez comme je suis malheureux à cause du mal que vous m'avez fait), mais elle est également un appel à l'aide, un « grand cri désespéré d'amour » selon l'expression de Rado (Voyez comme je suis à plaindre, combien votre amour me manque, combien j'ai besoin d'être aidé.) Punition de l'entourage, la dépression peut aussi avoir une fonction de protection pour l'un des parents ou la famille.

CHAPITRE III

DÉPRESSION ET SUICIDE

Le suicide est la deuxième cause de décès à l'adolescence alors que la prévalence des tentatives de suicide est la plus élevée à cet âge. Les comportements suicidaires de l'adolescent répondent à des déterminismes multiples dont les interactions avec la dépression sont complexes.

I. — Association entre dépression et suicide

A) *Fréquence des comportements suicidaires dans les dépressions.* — Les idées de suicide sont fréquentes dans les dépressions majeures de l'adolescent comme le montrent plusieurs études systématiques. Parmi 92 adolescents souffrant de dépressions majeures (Ryan et coll., 1987), 34 % avaient réalisé une ou plusieurs tentatives de suicide au cours de l'épisode dépressif actuel : l'analyse factorielle montra que les idées et les tentatives de suicide étaient associées à la fois aux cognitions négatives de désespoir et de détresse et à l'impulsivité, à l'irritabilité et aux comportements antisociaux.

B) *Fréquence des dépressions dans les tentatives de suicide.* — Alors que la problématique dépressive serait constante dans les tentatives de suicide (Ladame, 1981 ; Jeammet, 1985) la fréquence des dépressions ouvertes y est toujours discutée.

Les études récentes, utilisant une approche diagnostique actuelle, donnent des résultats convergents, montrant la fréquence des dépressions dans les tentatives de suicide de l'adolescent.

Une dépression est retrouvée dans 33 cas parmi 40 tentatives de suicide par Crumley (1979) et dans 27 cas sur 28 par Friedman et coll. (1982).

Parmi 38 tentatives de suicide d'adolescents de 13 à 19 ans, Brent et coll. (1988) constatent 75 % de dépressions majeures, 19,6 % de dysthymie et 3,6 % d'état mixte. Parmi 100 tentatives de suicide d'adolescents de 13 à 18 ans (31 garçons, 69 filles), 81 étaient affectés de dépression majeure et 10 de dysthymie (Chabrol et Moron, 1988).

C) *Fréquence des dépressions dans les suicides de l'adolescent.* — Les conditions psychologiques ayant déterminé un suicide sont difficiles à reconstituer. Cette démarche qui a été dénommée « autopsie psychologique » se heurte au manque de coopération des parents et à des attitudes de déni (Herzog et Resnick, 1968 ; Cantor, 1975). Shaffer (1974) a rapporté 30 cas de suicide d'enfants et d'adolescents de moins de 15 ans : 50 % avaient parlé, menacé ou tenté de se suicider dans les vingt-quatre heures précédant leur mort ; 21 des victimes souffraient de perturbations affectives et 22 avaient manifesté des comportements antisociaux. Shafi et coll. (1985) ont réalisé une enquête comparative auprès des parents de 20 sujets de 12 à 19 ans qui s'étaient suicidés et de 17 sujets contrôles : 85 % des victimes et 18 % des contrôles avaient exprimé des idées de suicide. Les victimes se différenciaient aussi par une fréquence élevée de menaces de suicide (55 %), de tentatives de suicide (40 %), d'abus d'alcool ou de drogue (70 %), de comportements antisociaux (70 %) et de manifestations d'inhibition d'allure dépressive (65 %).

Parmi 27 suicides d'adolescents, Brent et coll. (1988) retrouvent, par l'interrogatoire de la famille, 63 % de troubles de l'humeur dont 40,7 % de dépressions majeures, 22,2 % de dysthymies et 7,4 % d'états mixtes ; 22,2 % étaient affectés d'un trouble bipolaire I ou II.

II. — Relations entre dépression et suicide

Dépression et suicide établissent chez l'adolescent des relations complexes. Les conceptions habituelles rendent la dépression directement responsable des comportements suicidaires ou attribuent à la dépression et au suicide une causalité commune, agression retournée contre le sujet pour la psychanalyse ou cognitions dominées par le désespoir et le pessimisme pour l'approche cognitive. Mais, en même temps, les comportements suicidaires peuvent représenter une défense contre la dépression ou, au contraire, la dépression peut apparaître comme une défense contre le suicide.

Les conduites suicidaires peuvent sembler un moyen d'éviter la confrontation à une souffrance dépressive. Elles présentent un « aspect de maîtrise et de triomphe du moi sur la dépendance à l'objet » (Jeammet, 1985). En s'exposant à la mort, l'adolescent s'affirme comme maître de lui-même. Il nie son impuissance et sa détresse et parvient à une illusion de toute-puissance. Survivre paraît signifier bénéficier d'un jugement ordalique positif et réaliser les fantasmes de fusion à l'objet originel totalement bon et l'union narcissique au surmoi tutélaire retrouvé.

La dépression peut paraître servir de défense contre le suicide. Hendin (1976) décrit des adolescents pour qui « la mort est un style de vie ». Soumis précocément aux attitudes de rejet de leurs parents, au refus de leur vie émotionnelle, ces adolescents ont « grandi dans la mort », tuant en eux tout enthousiasme et tout espoir, se figeant dans la dépression qui est leur seule manière de vivre. Leur mort émotionnelle sinon physique leur semble obligatoire au maintien de leurs relations familiales. Ces adolescents « perçoivent l'inhibition de leur pouvoir de vivre comme la rançon de l'existence ». La dépression a pour fonction de prolonger le lien mortifiant aux parents, de les protéger de l'intensité de leur violence et d'éviter les possibilités d'excitation et de plaisir. Les idées de suicide apparaissent quand s'offre à eux une possibilité d'indépendance, de succès, de liberté et de plaisir qui remet en cause leur dépression habituelle. Ils fuient l'invitation à la vie dans le suicide. « La vie n'est pas, comme il le semble, ou comme le patient le dit, insupportable avec une dépression mais elle est inconcevable sans elle. » Les idées ou les tentatives de suicide servent à récupérer l'absence de vie protectrice de la dépression.

Un adolescent qui a tenté de se suicider croit inconsciemment qu'il a tué une partie de lui-même : « Avoir essayé de se tuer signifie que, fantasmatiquement, une partie de lui-même est morte et qu'il maintient une relation avec elle » (Laufer et Laufer, 1984). En fixant cette partie morte de soi dans le fonctionnement psychique, la tentative de suicide vient pérenniser la problématique dépressive.

Chapitre IV

TRAITEMENT

Aux multiples déterminismes possibles répond la diversité des traitements proposés, traitements biologiques, psychothérapies analytiques, thérapie cognitivo-comportementale, thérapies familiales. Leurs indications, en raison du manque presque total d'études d'évaluation systématiques reposent encore sur l'empirisme.

I. — Traitements biologiques

1. **Les antidépresseurs.** — Chez l'adulte, 30 des 50 études en double-aveugle bien contrôlées, ont montré la supériorité de l'imipramine — un tricyclique qui reste l'antidépresseur de référence — sur le placebo, dans les dépressions majeures. Les études montrant une relation entre la réponse clinique et les taux plasmatiques d'imipramine plus son métabolite actif, la désipramine suggèrent que des taux plasmatiques insuffisants pourraient rendre compte des études en double-aveugle négatives.

Chez l'enfant et chez l'adolescent on ne disposait récemment encore que d'études ouvertes, sans comparaison à un placebo, dont les résultats (environ trois quarts de réponses positives aux antidépresseurs dans les dépressions de l'enfant) étaient difficilement interprétables.

Dans les dépressions de l'enfant prépubère, ont été récemment réalisées trois études en double-aveugle contrôlées par placebo. Kashani et coll. (1984), ne trouvent pas de différence significative chez 9 enfants entre l'amitriptyline — prescrite à des doses inférieures à 1,5 mg/kg/jour — et le placebo. Puig-Antich et coll. (1987) comparent l'imipramine à 5 mg/kg/jour et le placebo chez 53 enfants affectés de dépression majeure. Au 35e jour l'évaluation montre un effet semblable : 56 % de réponses positives pour l'imipramine contre 68 % pour le placebo. Chez les enfants traités par imipramine il n'existait pas de relation entre la posologie d'une part, les taux plasmatiques et la réponse clinique d'autre part. Par contre les taux plasmatiques d'imipramine et de désipramine étaient fortement corrélés à la réponse clinique : les taux plasmatiques totaux étaient plus élevés chez les répondeurs (284 ± 225 ng/ml) que chez les non-répondeurs (145 ± 80 ng/ml). Le taux plasmatique le plus discriminatif entre répondeurs et non-répondeurs est de 150 ng/ml : 85 % de réponses au-dessus de ce taux contre 30 % seulement au-dessous. Les auteurs se demandent donc si les doses insuffisantes d'imipramine ne pourraient pas inhiber l'effet placebo. Preskorn et coll. (1986) comparent également l'imipramine et le placebo chez 70 enfants de 6 à 14 ans. L'imipramine s'y montre plus efficace que le placebo : 80 % d'amélioration avec l'imipramine contre 30 % pour le placebo. Un taux plasmatique d'imipramine et de désipramine de 125 ng/ml est constaté être le minimum nécessaire pour une réponse clinique : par contre, à l'inverse de l'étude de Puig-Antich, des taux supérieurs à 250 ng/ml étaient associés à une absence de réponse, suggérant l'existence d'un intervalle thérapeutique. Chez l'adolescent déprimé, une seule étude en double aveugle a été publiée : Kramer et Feiguine (1981), comparent l'amitriptyline dosée à 200 mg/jour et le placebo chez 20 adolescents de moyenne d'âge 14 à 15 ans. L'évaluation, après six semaines de traitement, ne montrait pas de différence significative : 8 cas sur 10 d'amélioration modérée ou maximale avec l'amitriptyline contre 6 sur 10 avec le placebo. Les taux plasmatiques n'ont pas été mesurés. La dose de 200 mg/jour a été considérée comme faible, comparée aux 5 mg/kg/jour d'imipramine utilisés chez l'enfant prépubère par Puig-Antich et Preskorn.

Ryan et coll. (1986) ont rapporté une étude ouverte de l'imipramine dans 34 dépressions majeures diagnostiquées par le K-SADS et les critères RDC chez des adolescents de moyenne d'âge 14 ans. L'imipramine a été augmentée jusqu'à 5 mg/kg/jour, administrée en trois doses quotidiennes identiques, sauf effets secondaires limitants. La dose moyenne a été 246 mg/jour (4,5 mg/kg/jour). Les taux plasmatiques ont été dosés régulièrement.

Des effets secondaires ont été ressentis par la majorité des adolescents. Les plus fréquents ont été une vision floue, des sensations vertigineuses, une diaphorèse, une constipation, des brûlures d'estomac, des nausées, des crampes abdominales, des céphalées, une oppression thoracique et de la fatigue. Dans la plupart des cas, ces effets secondaires étaient transitoires, ne réclamant qu'une légère diminution ou qu'un ralentissement de l'augmentation des posologies. L'élévation de la pression artérielle systolique et diastolique a limité l'augmentation des doses dans 3 cas. Presque tous les adolescents ont montré des modifications au moins mineures de l'électrocardiogramme, le plus fréquemment une augmentation de la fréquence de repos et un allongement de l'intervalle PR. Ces modifications électrocardiographiques n'ont justifié une limitation des doses dans aucun cas. Une irritabilité, des douleurs thoraciques, des céphalées et des palpitations ont nécessité une limitation des doses dans 3 cas.

Après six semaines de traitement, 44 % (15/34) montraient une amélioration franche marquée par la disparition ou la persistance légère de l'humeur dépressive et de l'anhédonie alors que la plupart avaient une diminution de la symptomatologie dépressive. A l'inverse de l'enfant prépubère, la réponse clinique n'était pas corrélée aux taux plasmatiques malgré leurs variations importantes de 77 ng/ml à 986 ng/ml. Une mauvaise réponse a pu être liée à un diagnostic associé d'anxiété de séparation, et plus faiblement au sexe féminin, à la dépression endogène et aux taux élevés d'imipramine plasmatique.

Les auteurs émettent l'hypothèse que cette résistance relative des dépressions de l'adolescent à l'imipramine pourrait être liée à l'influence négative des taux élevés d'hormones sexuelles à l'adolescence. Ils concluent que l'étude n'est pas en faveur de l'efficacité de l'imipramine dans les dépressions de l'adolescent et ils suggèrent l'essai d'autres types d'antidépresseurs.

L'intérêt de la prescription d'antidépresseurs dans les dépressions de l'adolescent est toujours discuté. En dehors de l'absence d'étude en double-aveugle démontrant leur efficacité chez l'adolescent déprimé, divers arguments ont été évoqués contre leur prescription.

Tout d'abord la toxicité potentielle de certains antidépresseurs ingérés à doses massives rend dangereux un passage à l'acte suicidaire dont le risque est toujours présent dans les dépressions de l'adolescent. Ils peuvent favoriser une tentative de suicide par un effet de désinhibition brutale. Il est recommandé de n'utiliser en ambulatoire que des antidépresseurs peu toxiques. L'usage doit être en règle générale réservé aux hospitalisations poursuivies jusqu'à amélioration suffisante.

Certaines réserves sont liées à l'efficacité possible des antidépresseurs. Selon Beck et coll. (1980), les antidépresseurs peuvent contrarier le développement des processus de maîtrise face à la dépression et donc faciliter les rechutes ultérieures qui laisseront l'adolescent aussi désarmé que devant le premier épisode. Une réponse positive trop rapide à l'antidépresseur peut diminuer la motivation pour la psychothérapie. Selon Jeammet (1985) une amélioration précoce par l'antidépresseur peut « favoriser le repli dans une position de déni avec le maintien d'un risque dépressif ultérieur ». Une amélioration symptomatique, même très complète, permettant malencontreusement de faire l'économie d'un travail d'élaboration psychique, risque d'entériner le rejet d'une partie de lui-même par l'adolescent « au moyen de scotomes psychiques, de déni et de traits de caractère qui amputent l'adolescent d'une part de ses potentialités » (Jeammet, 1987).

La prescription d'antidépresseurs ne doit jamais être isolée d'une action psychothérapique dans laquelle elle doit nécessairement s'inclure : « La chimiothérapie utilisée seule peut accroître le sentiment de l'adolescent d'être incompris et aggraver son désespoir » (Jeammet, 1985). Il faut éviter que l'antidépresseur soit éprouvé comme une façon mécanique de répondre à la symptomatologie dépressive et comme un refus de la parole de l'adolescent et de la confrontation à sa souffrance. Le mode de prescription doit éviter de faire de la dépression « un corps étranger, coupé de la conflictualité interne, de l'adolescent et de son histoire » (Jeammet, 1987). Dans une intervention globale, il faut ne pas trop mettre l'accent sur le médicament, pour ne pas déplacer l'attention de la tâche essentielle de l'élaboration psychique et de la modification des relations familiales.

Des arguments psychologiques ont pu être retenus en faveur des antidépresseurs. En diminuant l'inhibition et le découragement, ils peuvent faciliter la psychothérapie. L'antidépresseur peut rassurer certains adolescents, rendant tolérable la dépendance affective au thérapeute dont il évite la prise de conscience, l'amélioration étant rattachée à l'efficacité du médicament (Jeammet, 1987). Enfin la prescription du médicament peut aider la famille à prendre conscience de l'importance du problème de l'adolescent. Ailleurs elle favorise l'alliance thérapeutique avec la famille, en répondant à ses attentes.

Quand la prescription est décidée, son sens et ses effets doivent être expliqués à l'adolescent. Il semble qu'une information honnête sur les effets secondaires puisse faciliter leur acceptation et leur tolérance.

Les indications des antidépresseurs dans les dépressions de l'adolescent doivent encore être précisées. On a pu les considérer en particulier utiles dans les cas où existe un ralentissement psychomoteur ou « une souffrance psychique envahissante » (Jeammet, 1987). Leur indication n'est pas discutée dans la mélancolie et les dépressions psychotiques. Dans les dépressions majeures et plus encore dans les dépressions mineures on peut proposer un placebo dont l'efficacité chez l'enfant et chez l'adolescent est importante.

2. **Les benzodiazépines.** — Les tranquillisants peuvent être associés aux antidépresseurs ou utilisés seuls

dans les cas où l'anxiété est dominante (Jeammet, 1987). Ils peuvent alors aider l'adolescent à s'engager à nouveau dans les activités scolaires ou sociales et à se confronter à ses conflits psychiques dans la psychothérapie. Toutefois une suppression de l'anxiété peut diminuer la motivation au travail psychothérapique. Leur prescription doit être limitée à une période brève. On a pu en effet leur reprocher leur retentissement cognitif perturbant l'adaptation scolaire, une augmentation de l'impulsivité et une facilitation des passages à l'acte agressif ou suicidaire par un effet de désinhibition, un effet dépressogène lors des prescriptions prolongées, un risque de dépendance et d'induction d'une toxicomanie.

On a signalé l'intérêt des faibles doses de lorazépam dans les troubles de l'humeur avec catatonie.

3. **Les neuroleptiques.** — Ils sont habituellement prescrits dans les dépressions psychotiques qui sont généralement résistantes aux antidépresseurs utilisés seuls (Halfon, Dugas et Mouren-Simeoni, 1986). Ils peuvent être également employés de façon transitoire dans les dépressions majeures où l'on craint qu'un passage à l'acte suicidaire soit facilité par l'antidépresseur.

4. **Le lithium.** — L'efficacité du lithium dans le traitement et la prévention des rechutes des troubles bipolaires de l'adolescent paraît comparable à celle observée chez l'adulte (Brumback et Weinberg, 1977 ; Horowitz, 1977 ; Youngerman et Canino, 1978 ; Akiskal et coll., 1985 ; Halfon, Dugas et Mouren-Simeoni, 1986). Les règles et les précautions de prescription sont identiques à celles recommandées chez l'adulte.

L'extension des indications du lithium est discutée :

Jeammet (1985) considère que « le lithium ne devrait concerner que des formes déjà bien individualisées et récidivantes de psychoses bipolaires ». Cette attitude, peut-être trop attentiste, expose l'adolescent à une rechute potentiellement destructrice psychiquement et socialement. D'autres préconisent une thérapeutique prophylactique par lithium dès le premier épisode maniaque non équivoque (Steinberg, 1983) ou dès le premier épisode de dépression psychotique (Halfon, Dugas et Mouren-Simeoni, 1986). La durée du traitement prophylactique est à débattre en raison en particulier de la toxicité potentielle du lithium et de ses effets secondaires. Steinberg (1983) propose de le prolonger jusqu'à la fin des études : si l'adolescent n'a pas eu de trouble de l'humeur pendant cette période, après discussions des arguments pour et contre l'arrêt du traitement avec l'adolescent et les parents s'ils sont toujours concernés, une interruption supervisée du lithium paraît raisonnable.

5. **Les électrochocs.** — Leur utilisation chez l'adolescent est exceptionnelle. Toutefois ils sont toujours indiqués comme recours en cas d'échec d'un traitement bien conduit d'une mélancolie ou d'une dépression psychotique (Steinberg, 1983 ; Carr et coll., 1983). Deux patients ont bénéficié d'une sismothérapie pour une dépression délirante résistante à l'association antidépresseur et neuroleptique dans le groupe de dépressions psychotiques de l'adolescent d'Halfon, Dugas et Mouren-Simeoni.

L'emploi de cette thérapeutique chez l'adolescent provoque souvent l'indignation : « Ceux qui pensent que l'électrochoc ne devrait jamais être utilisé n'ont probablement jamais vu d'adolescent s'enfoncer dans une dépression et un repli profond qui persiste des semaines et même des mois malgré les efforts psychothérapiques, sociaux et médicamenteux » (Steinberg, 1983).

Si l'indication d'un électrochoc est évoquée, le psychiatre doit expliquer aux parents ou aux autres responsables de l'adolescent, les raisons de ce traitement et ses risques. Il doit aussi expliquer à l'adolescent ce qu'implique ce traitement (l'anesthésie, une confusion temporaire...). Il ne faut pas hésiter à solliciter l'avis d'autres psychiatres, parce que l'indication de l'électrochoc à l'adolescence est trop rare pour qu'un psychiatre puisse en avoir une expérience suffisante (Steinberg, 1983).

6. **Autres thérapies.** — Les indications et les modalités de la photothérapie et de la privation de sommeil sont encore à préciser chez l'adolescent.

II. — Les psychothérapies

1. **Les psychothérapies analytiques.** — On recommandait habituellement des psychothérapies où la fonction d'étayage primait le travail d'interprétation, dont les limites et les difficultés ont été soulignées chez l'adolescent (A. Freud, 1958 ; Weiner, 1970). Mais ce type d'approche a pu être jugé souvent insuffisant : la nécessité d'un véritable traitement psychanalytique de certaines dépressions de l'adolescent a été affirmée avec vigueur. Ladame (1981) considère qu'il n'existe qu'une alternative face aux tentatives de suicide de l'adolescent dont il a largement montré qu'elles exprimaient une pathologie sévère : ou renoncer aux traitements dynamiques pour une thérapie de soutien et de renforcement des parties saines du moi, ou s'engager dans une psychothérapie intense et prolongée qui seule pourrait prétendre à une action thérapeutique authentique. Avec ces adolescents sui-

cidants, Ladame pense inévitable une psychose de transfert où l'analyste est totalement identifié à l'objet interne persécuteur ce qui conditionne une réapparition de très fortes tendances suicidaires et un risque majeur de passages à l'acte. Cette réaction thérapeutique négative rendrait compte de la fréquence des interruptions prématurées : 70 % des adolescents suicidants ont arrêté leur traitement après moins de 10 séances dans la série de Ladame.

Pour Laufer, la constatation d'une rupture du développement rend nécessaire un traitement psychanalytique qui doit permettre la répétition dans le transfert de la rupture du développement *(transference breakdown)* où le thérapeute « devient la personne haïe, celle qu'on veut assassiner, celle qui peut être blâmée pour la pathologie, la dépression et le sentiment que la vie n'a aucun sens » (Laufer, 1986). Cette reviviscence émotionnelle et sa perlaboration sont indispensables à l'enraiement du processus morbide : en leur absence la force destructrice de la rupture du développement n'est pas diminuée (Laufer et Laufer, 1984).

Ladame et Laufer se rejoignent donc pour considérer que les dépressions de l'adolescent exprimant une psychopathologie sévère relèvent d'un traitement psychanalytique qui expose à des situations transférentielles difficiles mais nécessaires car leur dénouement est indispensable à la libération des potentialités du développement.

Jeammet (1987) suggère d'adapter la forme et le rythme de la thérapie à chaque cas. On tiendra compte de la psychopathologie, de ce que l'adolescent peut supporter mais aussi de la formation du thérapeute.

Ces psychothérapies plus ou moins intensives et prolongées recourent à des principes communs.

L'établissement et le maintien d'une alliance thérapeutique suffisamment solide est une condition indispensable au traitement. L'importance de la première rencontre y est décisive. Les attitudes du thérapeute à l'égard de l'adolescent y réclament à la fois souplesse et rigueur : le thérapeute doit être amical mais non séducteur, attentif et actif mais non intrusif, rassurant mais non paternaliste, sincère et spontané mais aussi réfléchi et professionnel (Basch, 1981 ; Steinberg, 1983...). Il faut montrer de la sollicitude mais non de la condescendance, de l'empathie mais non de la compassion, de la tolérance mais non de la complicité. Le thérapeute doit éviter d'être trop frustrant ou trop gratifiant. L'adolescent éprouve souvent la neutralité comme de l'indifférence ou de l'hostilité. Une attitude trop chaleureuse risque de susciter la peur de l'intrusion ou de la dépendance. Cependant « si l'adolescent ne perçoit pas le cadre thérapeutique comme suffisamment gratifiant, l'expression des conduites désordonnées continue, les conflits dépressifs sous-jacents persistent, la viabilité de la thérapie est compromise » (Rossman, 1982). Le thérapeute doit proposer un style de relation susceptible de répondre et de s'adapter aux attentes contradictoires de l'adolescent et à son ambivalence, tout en en contenant et en en amortissant les oscillations. De toute façon il faut considérer comme inévitables les projections, les distorsions cognitives déformant l'image du thérapeute et il faut savoir saisir l'occasion d'initier une métacommunication sur la relation. Offrir précocement à l'adolescent la possibilité de commenter les attitudes du thérapeute, de les discuter, de les remettre en question, participe à créer un climat de collaboration et de respect mutuel.

Les efforts du thérapeute pour entrer en relation avec l'adolescent se heurtent souvent à sa méfiance et à sa suspicion. Il est souvent utile de reformuler comme légitime une certaine défiance à l'égard d'un adulte inconnu (Rossman, 1982).

Il est également important d'exposer à l'adolescent les informations dont on dispose sur sa situation surtout en cas de comportements antisociaux ou toxicomaniaques signalés au thérapeute. Les taire alors que l'adolescent se doute ou sait que le thérapeute en a été informé, peut lui donner l'impression que le thérapeute attend ses aveux ou tout au moins lui fait craindre qu'il soit insincère, manipulateur ou incapable de faire face aux problèmes. Il faut donner à l'adolescent l'occasion d'exposer son point de vue et sa version des faits. Si l'adolescent accuse ses parents, le thérapeute ne doit pas lui montrer qu'il s'allie à lui contre eux, ni même cautionner ses propos par son silence. Ces attitudes peuvent amener l'adolescent à rompre le contact thérapeutique en raison d'une loyauté cachée à l'égard de ses parents (Basch, 1981 ; Rossman, 1982). Le thérapeute doit s'efforcer d'aider l'adolescent à mieux comprendre ses relations avec ses parents et leurs attitudes en gardant une position d'impartialité ou en s'alliant aux attentes positives des parents selon les cas. La position du thérapeute à l'égard de ces troubles du comportement et le dilemme qu'ils posent doivent être clarifiés : le thérapeute peut expliquer à l'adolescent que s'il désapprouve ces comportements et qu'il lui demande de les cesser, l'adolescent peut penser que le but du thérapeute est de le contraindre, de le contrôler et de le rendre acceptable à sa famille et que, si au contraire il ne dit rien, l'adolescent peut conclure qu'il ne s'intéresse pas à lui, qu'aucun changement ne peut être espéré ou qu'il existe une collusion avec lui dans le passage à l'acte.

Il est indispensable de poser des limites fermement en particulier quand ses comportements mettent en danger la vie de l'adolescent (Rossman, 1982 ; Laufer et Laufer, 1984). Rossman recommande des interventions précoces : le thérapeute peut reconnaître que ses comportements destructeurs donnent à l'adolescent un pouvoir sur l'entourage mais il peut affirmer fermement et directement sa conviction qu'il n'en retire pas de véritables avantages, qu'il s'enferme dans des attitudes de revanche, qu'il est compulsivement obligé de les répéter et qu'il n'a pas de vraie possibilité de libre choix. Pour Laufer le moment de l'intervention est crucial : il pense qu'il est inutile de la tenter avant que l'adolescent ne se sente lié au thérapeute et qu'il puisse l'utiliser comme moi ou surmoi auxiliaire. Mais ces interventions peuvent sexualiser le traitement : l'adolescent peut sentir qu'il a pu forcer l'analyste à devenir le surmoi contrôlant et punitif et à participer au fantasme de soumission passive à l'analyste (Laufer et Laufer, 1984). Ils considèrent qu'il est plus facile de répondre à cette sexualisation du traitement qu'à la perte continuelle des fantasmes et des affects dans les passages à l'acte.

L'établissement de l'alliance thérapeutique dépend aussi de la possibilité d'aborder la souffrance de l'adolescent, d'en faciliter l'expression ou, tout au moins, de lui en rendre tolérable la reconnaissance. Par une approche active mais prudente le thérapeute doit dépasser la discussion des symptômes pour aborder les conflits actuels de la vie de l'adolescent et les émotions négatives qui y sont associées.

Il peut suffire d'aider l'adolescent à reformuler l'expression de son malaise, à identifier ses émotions négatives. Quand l'adolescent n'exprime pas verbalement d'émotions négatives, on peut les déduire de ses mimiques, de ses propos et on doit alors tenter prudemment d'y confronter l'adolescent en nommant les émotions qui les sous-tendent ou en interprétant les attitudes défensives. Certains adolescents vulnérables tolèrent difficilement qu'on les confronte à la dépression et risquent « si le thérapeute n'est pas suffisamment prudent et délicat de rompre le contact thérapeutique, et/ou de tenter de reprendre la maîtrise de la situation par des conduites agies » (Jeammet, 1987).

La plupart de ces adolescents n'ont jamais eu auparavant l'occasion de parler de leurs problèmes à quelqu'un qui les prend au sérieux et qui est capable de les aider à se confronter à leur importance et à en rendre supportable l'expression : « Quand l'interlocuteur et l'adolescent formulent ensemble ce qui va mal, l'inconnu effrayant devient moins puissant et en même temps l'adolescent peut commencer à éprouver l'espoir que quelqu'un comprenne ce qui va mal et puisse être capable de l'aider » (Laufer et Laufer, 1984).

Dans cette démarche où le thérapeute va à la rencontre de la souffrance de l'adolescent il est important de s'enquérir directement des idées et des projets de suicide. Cette interrogation directe rassure l'adolescent sur la capacité du thérapeute à se confronter à sa souffrance. Elle lui communique que sa détresse a été comprise et qu'elle est prise au sérieux.

S'il faut reconnaître la souffrance de l'adolescent il est discutable de nommer la dépression. La désigner peut rassurer un adolescent qui a pu se penser « fou », se craindre schizophrène ou qui s'attend à un jugement moral et à être considéré comme méchant ou mauvais par le thérapeute. Par contre, mentionner le diagnostic de dépression peut avoir pour conséquence de la réifier, de la couper de la conflictualité interne, ou de déshumaniser la relation pour un adolescent qui se sent jaugé, classé. Une identification négative avec un parent qui a été reconnu comme déprimé peut être malencontreusement confirmée. Enfin certains adolescents peuvent utiliser ce diagnostic pour légitimer leur passivité (Haley, 1980).

La rencontre avec le thérapeute peut activer précocement les conflits de dépendance. L'avidité d'objet de l'adolescent déprimé est contrebalancée par la peur de l'intrusion, du contrôle et de la fusion. Il peut éprouver la peur d'être abandonné et rejeté s'il s'attachait ou ressentir la relation thérapeutique comme une menace pour son autonomie. Le besoin de dépendance est vécu comme faible, honteux ou dangereux car il exprime le besoin régressif de soumission passive. L'approche thérapeutique et le cadre qu'elle propose doivent s'efforcer de répondre aux attentes contradictoires de l'adolescent en apportant du soutien tout en atténuant la peur d'être contrôlé. Dès la phase d'évaluation il est important d'établir un climat de collaboration : les adolescents qui rencontrent un thérapeute ont peur que l'on découvre quelque chose de mauvais en eux : l'effet désorientant et effrayant de l'évaluation doit être diminué par exemple en donnant à l'adolescent la possibilité de ne pas répondre aux questions et en les lui expliquant : « L'adolescent devrait aussi commencer à comprendre, au travers de nos explications sur ce que nous faisons et pourquoi nous le faisons, comment nous procédons pour décider ce qui ne va pas et ce que nous pouvons faire pour aider » (Laufer et Laufer, 1984).

Pour susciter la motivation au traitement, le thérapeute peut indiquer à l'adolescent qu'il peut être aidé à mieux se connaître et à mieux comprendre sa famille, à avoir des relations plus gratifiantes avec les autres et à parvenir à un sentiment de compétence, de respect de soi et de pouvoir reflété par une meilleure compréhension de soi et une véritable possibilité de choix dans sa vie (Rossman, 1982). Il est important de définir avec l'adolescent des objectifs réalistes qu'il puisse valoriser (Widlöcher, 1976), de lui expliquer la démarche choisie et de s'engager à en évaluer avec lui la tolérance et l'efficacité. Insister sur l'importance que l'adolescent adopte un rôle actif dans la thérapie et que « pour faire quelque chose avec lui on a besoin de lui » (Jeammet, 1987), participe à créer un sentiment de responsabilité et à diminuer la crainte d'être contrôlé, de même que décider avec lui de l'organisation pratique de la thérapie. Un contrat thérapeutique consenti mutuellement, prévoyant la durée et la fréquence des rencontres et ouvrant la possibilité d'aménagements négociés, peut donner à l'adolescent l'assurance du soutien du thérapeute et du respect de son autonomie. L'absence éventuelle à certaines séances et les réactions du thérapeute doivent être discutées : souvent un adolescent qui a manqué une séance n'ose plus reprendre contact par peur des rétorsions du thérapeute. Il est nécessaire aussi de prévoir la possibilité d'un arrêt prématuré. Le droit de l'adolescent à interrompre la thérapeutique peut être évoqué et discuté. L'adolescent peut mettre à l'épreuve l'engagement du thérapeute par une rupture thérapeutique. Cette éventualité peut être prévenue en indiquant que le thérapeute s'efforcera de reprendre contact avec l'adolescent.

On peut laisser se développer le transfert positif dans ses aspects les plus matures pour alimenter l'alliance thérapeutique. Il facilite l'identification au thérapeute qui est souvent un élément thérapeutique important.

Rossman (1982) considère qu'il est utile qu'il n'évite pas de communiquer, aux moments opportuns, ses valeurs personnelles concernant les relations interpersonnelles, le respect de soi et la nécessité d'une réussite scolaire raisonnable. Les éléments plus archaïques du transfert positif comme l'idéalisation primitive ou la croyance au pouvoir magique du thérapeute doivent être prévenus ou élaborés. Les adolescents peuvent attendre que le thérapeute soulage magiquement les symptômes. Il peut être utile de prédire que l'adolescent sera souvent déçu parce qu'il trouvera que le thérapeute n'est pas suffisamment rapidement efficace. Dans une attitude thérapeutique proche d'une prescription paradoxale, Rossman propose de prédire à l'adolescent que cette déception le poussera à des passages à l'acte. L'effet de prévention de cette intervention est lié à l'esprit de contradiction des adolescents opposants qui n'aiment pas se conduire de façon prévisible.

Il ne faut pas espérer parvenir à une expérience émotionnelle correctrice suffisante en s'appuyant sur une relation fragilisée par le déni des aspects négatifs du transfert. Les sentiments hostiles de l'adolescent à l'égard du thérapeute ont des origines multiples. Le thérapeute peut essayer d'éviter les réactions transférentielles négatives parce qu'il craint qu'y confronter l'adolescent provoque une rupture du traitement ou un passage à l'acte. Mais un tel évitement accroît l'anxiété de l'adolescent.

Beaucoup d'adolescents paraissent chercher désespérément un adulte perçu comme suffisamment puissant pour faire face à leur colère : l'adolescent a besoin d'une relation où sa colère ne provoque ni représailles, ni capitulation (Rossman, 1982). La thérapie doit offrir une relation où la colère de l'adolescent puisse être reconnue, tolérée, contenue et amortie, et examinée en sécurité. Les manifestations indirectes des sentiments hostiles et les défenses qui s'établissent contre eux doivent être repérées et interprétées précocement, ce qui améliore habituellement l'alliance thérapeutique (Foreman et Marmar, 1985). L'adolescent peut y voir la preuve que le thérapeute ne craint pas ses sentiments hostiles et que leur expression et leur reconnaissance ne détruisent pas la relation. Chez les adolescents très vulnérables, on peut recommander, dans un premier temps, l'élaboration systématique du transfert négatif dans l'ici et maintenant sans interprétation des origines génétiques selon la proposition de Kernberg pour les états limites. Il est utile d'interpréter les mécanismes de défense primitifs comme la projection quand ils opèrent dans le transfert. Les adolescents déprimés projettent souvent leur culpabilité sur le thérapeute et se conduisent de façon provoquante pour encourir une punition.

Ils s'attendent souvent à être refusés et inconsciemment cherchent à provoquer leur rejet comme pour exprimer leur propre rejet d'eux-mêmes. L'interprétation précoce de ces attitudes peut affermir l'alliance thérapeutique.

Cette alliance établie et renforcée, le travail analytique doit en priorité explorer le passé immédiat et l'éventuelle expérience traumatique de la puberté : « A moins que le passé immédiat ne prenne sens pour l'adolescent, la reconstruction du passé préadolescent est une expérience purement intellectuelle et morte émotionnellement » (Laufer et Laufer, 1984). La reconstruction prématurée du passé préœdipien et œdipien peut donner à l'adolescent l'impression que le traitement n'a pas de sens, à moins que les interprétations soient placées d'abord dans le contexte de la sexualité actuelle du patient : « Le but principal du traitement est de corriger l'expérience de la puberté » (Laufer et Laufer, 1984).

2. **Thérapies cognitivo-comportementales.** — Les thérapies comportementales et cognitives proposent un ensemble de moyens thérapeutiques visant à modifier les comportements dépressifs.

A) *Thérapie comportementale.* — Les thérapies comportementales des dépressions de l'adolescent s'articulent autour de trois dimensions thérapeutiques : le déconditionnement de l'anxiété, l'augmentation des activités positives et l'entraînement des habiletés sociales.

a) Déconditionnement de l'anxiété. — L'anxiété peut provoquer une dépression qui peut s'y substituer. Le déconditionnement de l'anxiété serait alors suffisant pour traiter la dépression (Wolpe, 1979, 1986). Cette approche des dépressions névrotiques de l'adulte a également été appliquée chez l'adolescent (Vera, 1985, 1986). Le déconditionnement de l'anxiété y fait appel aux facteurs non spécifiques liés au soutien du thérapeute et aux facteurs spécifiques de l'exposition aux situations anxiogènes. La méthode classique associe une exposition graduée en imagination puis dans la réalité, progressant parallèlement (désensibilisation systématique accompagnée de la prescription des tâches correspondantes dans la réalité). L'immersion en imagination ou dans la réalité est également utilisée. L'anxiété peut également être réduite par des interventions cognitives modifiant les cognitions dysfonctionnelles et les auto-évaluations négatives anxiogènes. L'anxiété sociale peut être corrigée par l'entraînement aux habiletés sociales.

L'approche comportementale propose d'utiliser en première intention ces méthodes de déconditionnement de l'anxiété dans les dépressions où l'anxiété est importante et en particulier dans les dépressions secondaires à l'anxiété de séparation et aux phobies scolaires (Vera, 1985, 1986).

b) Programmes d'activités. — La diminution des comportements adaptés de l'adolescent déprimé, ses conséquences sur le fonctionnement scolaire et social entretiennent et aggravent les auto-évaluations négatives. L'inactivité, en elle-même, accroît l'humeur dépressive. Les thérapies comportementales proposent des moyens d'aider l'adolescent à augmenter la fréquence des activités positives. Ils consistent à prévoir avec l'adolescent et à prescrire des tâches graduées et des programmes d'activités. La méthode des tâches graduées est utile pour aider l'adolescent à se réengager dans des activités qu'il a abandonnées, en particulier dans les tâches scolaires. Plusieurs moyens peuvent être utilisés pour éviter de confronter l'adolescent à un sentiment d'échec. La tâche peut être définie comme un essai permettant d'évaluer ce que l'adolescent peut faire et les cognitions négatives qui s'activent pendant la tentative d'exécution.

Une répétition cognitive permet d'identifier les obstacles possibles — extérieurs, comportementaux ou cognitifs — que l'adolescent peut rencontrer dans la réalisation de la tâche : elle consiste à demander au patient d'imaginer toutes les étapes successives de la séquence amenant à la réussite de la tâche. On peut aussi minimiser le risque d'échec en définissant avec l'adolescent le plus petit changement possible et en en supervisant la réalisation. Chaque étape dans la réalisation de ces tâches graduées est renforcée par le thérapeute.

Les programmes d'activité ont pour but d'augmenter les comportements adaptés et les renforcements positifs que l'adolescent peut en attendre. La méthode consiste à planifier avec l'adolescent des programmes d'activités concernant le travail scolaire et les loisirs. La répétition cognitive peut aider à repérer les obstacles et à y parer. Le thérapeute doit prévenir les sentiments d'échec, en expliquant que le plus important est d'essayer de réaliser le programme et d'observer ses conséquences sur l'humeur et de noter les cognitions négatives qui y sont activées.

c) L'entraînement aux habiletés sociales. — Il a pour but d'améliorer les relations interpersonnelles des adolescents déprimés. Il est plus particulièrement indiqué en cas de déficits des comportements de communication ou en cas d'attitudes sociales déviantes comme un excès d'agressivité. Il se base sur des jeux de rôle où sont simulées et répétées des situations d'interactions sociales. Les performances réalisées sont progressivement améliorées par consignes, renforcements, discussion et imitation de modèle permettant l'apprentissage d'habiletés sociales spécifiques. Un travail cognitif peut être également réalisé pour améliorer l'évaluation des situations sociales et la stratégie de résolution des problèmes interpersonnels. Ces méthodes se prêtent facilement à une thérapie de groupe (Holmes et coll., 1986). Plusieurs études ont montré l'efficacité de ces programmes d'entraînement aux habiletés sociales dans les dépressions de l'enfant et de l'adulte (Kaslow et Rehm, 1984).

B) *Les thérapies cognitives.* — La thérapie cognitive des dépressions a été définie comme une psychothérapie brève, où « thérapeute et patient collaborent à l'usage d'une méthodologie empirique pour se focaliser sur des problèmes spécifiques » (Rush et Beck, 1977). Les axes du travail thérapeutique sont l'identification des problèmes, l'identification et l'expression des émotions, la prise de conscience des relations entre pensées, émotions et comportements, la reconnaissance du caractère hypothétique des pensées, l'identification des pensées négatives dysfonctionnelles concernant le patient, l'entourage et le futur, leur remise en question au profit de pensées plus réalistes. La plupart des interventions du thérapeute s'expriment sous forme de questions sollicitant et développant les capacités d'introspection et de compréhension de soi de l'adolescent. L'exploration tend à progresser de la perception de la réalité extérieure à celle du monde intérieur au travers des opinions, des jugements que l'adolescent porte sur lui-même et son entourage et des sentiments qui y sont liés. La relation au thérapeute, les émotions et les cognitions qui y sont associées font l'objet de discussions régulières. Cette approche peut convenir à certains adolescents dont l'activité mentale est envahie par une pensée négativiste ou figée dans un évitement d'une pensée douloureuse. Elle peut favoriser un réinvestissement du monde intérieur et réamorcer une capacité de dialogue et de relation. Toutefois, s'il peut mobiliser les cognitions négatives peu accessibles autrement, et en libérer le fonctionnement mental, le travail cognitif ne peut être suffisant : restant trop superficiel, la dimension des conflits du développement lui est, pour l'essentiel, étrangère. On ne doit donc pouvoir le concevoir que comme une préparation ou un complément souvent utile à un travail analytique.

Chez l'adulte, de nombreuses études comparatives ont montré que les thérapies cognitives étaient aussi efficaces que les antidépresseurs (Cottraux et Collet, 1986). La fréquence des rechutes est moindre avec les thérapies cognitives qu'avec la pharmacothérapie (Kovacs et coll., 1981 ; Hollon et coll., 1983 ; De Rubeis, 1983 ; Simons et coll., 1986). La récente étude du NIMH, portant sur 240 dépressions majeures montre que les thérapies cognitives sont aussi efficaces que l'imipramine à la dose de 200 mg et que la psychothérapie interpersonnelle d'inspiration psychodynamique (Sotsky et Atkins, 1986). Les thérapies cognitives se sont montrées efficaces dans des études comparatives du traitement d'étudiants déprimés (Shipley et Fazio, 1973 ; Taylor, 1974 ; Gloe, 1975 ; Hodgson et Urban, 1975).

III. — Les thérapies familiales

1. **Thérapies familiales psychanalytiques.** — Dans les dépressions de l'adolescent les interventions psychanalytiques familiales sont essentiellement indiquées dans les cas où la régression familiale, l'externalisation des conflits rendent l'adolescent incapable de se libérer suffisamment des liens familiaux pour s'engager dans une thérapie individuelle. Les thérapies organisées prolongées paraissent rarement possibles : les familles refusent de s'y engager ou l'interrompent rapidement, en particulier dans les familles d'adolescents suicidants où elles ont pu apparaître comme « exceptionnellement réalisables » (Ladame, 1981). L'intervention familiale se limite donc habituellement à tenter de dégager l'adolescent de l'emprise des conflits familiaux pour lui rendre accessible un traitement individuel. L'intervention minimale réclamerait la reconnaissance ouverte des haines cachées, contre laquelle se mobilisent habituellement des attitudes de déni : « Au niveau des fantasmes inconscients, ses parents ressentent que la reconnaissance de leur haine pourrait tuer et que celle de leur manque d'intérêt pourrait affamer » (Shapiro et Freedman, 1987). Ladame (1981) a également souligné les difficultés à réduire réellement les identifications projectives. La fonction d'étayage de la famille doit souvent primer le travail d'interprétation pour éviter la rup-

ture thérapeutique. La combinaison d'un travail familial et de thérapies individuelles est souvent nécessaire. La répétition et la reconnaissance des conflits dans les transferts individuels permet de diminuer les externalisations et d'aider à libérer suffisamment l'adolescent de la dépendance conflictuelle à la famille pour qu'il puisse s'engager dans une thérapie individuelle.

2. **Thérapie systémique.** — On doit à l'Institut de Thérapie familiale de Washington de s'être particulièrement intéressé aux problèmes de l'adolescent et d'avoir proposé des principes thérapeutiques simples et efficaces pour les familles d'adolescents déprimés. Jay Haley (1981) en a formulé les règles : le thérapeute doit rassembler la famille pour la première rencontre. Les parents ne doivent pas être culpabilisés. Au contraire ils doivent être chargés de résoudre les problèmes de l'adolescent, en leur affirmant qu'ils sont ses meilleurs thérapeutes. Les discussions doivent se limiter à l'adolescent et à ses comportements et éviter d'aborder les relations familiales. Les conflits entre les parents sont ignorés, minimisés ou écartés jusqu'au retour à la normale des comportements de l'adolescent. Si les parents demandent de l'aide, le thérapeute doit la remettre au moment où l'adolescent se comportera normalement. Le passé et les causes passées du problème ne sont pas explorés : l'accent porte sur le présent et ce qui y doit être fait. Le thérapeute doit éviter d'aggraver la confusion hiérarchique en s'alliant à l'adolescent. Il doit s'allier aux parents pour restaurer une hiérarchie normale où les parents sont en charge de l'adolescent. Il rapproche les parents en les faisant toujours communiquer au travers de l'enfant, mais de façon positive. Le thérapeute se montre directif : il les aide à définir des

buts positifs pour l'adolescent, à coopérer pour obtenir leurs réalisations. Le retour à l'école ou au travail doit se faire rapidement sinon immédiatement. C'est le retour à la normale qui provoque la crise familiale et la possibilité du changement.

Quand les comportements de l'adolescent deviennent normaux, la famille devient instable. Les parents peuvent menacer de se séparer ou de divorcer ou l'un ou les deux peuvent devenir perturbés. Le thérapeute qui s'est toujours allié à eux, est alors en position de les aider. Il doit alors soit résoudre les conflits de la famille soit soustraire l'adolescent à ces conflits pour qu'ils puissent s'exprimer directement et non à travers lui. La thérapie doit être un intense engagement suivi d'un rapide désengagement.

Cette approche a été particulièrement décrite pour les grands adolescents et les jeunes adultes en rupture de formation scolaire ou d'activités professionnelles qui vivent repliés dans des attitudes de passivité chez leurs parents, dont les conflits et les divisions préviennent les décisions autoritaires efficaces.

Madanes (1981) a proposé une variante de cette approche où c'est le parent déprimé qui doit principalement prendre en charge l'adolescent déprimé.

3. **Thérapie comportementale familiale.** — Ces thérapies brèves, directives, sont focalisées sur les problèmes actuels de la famille. Elles visent à en modifier le fonctionnement en améliorant les comportements de communication, les modes de résolution des problèmes interpersonnels, les moyens de contrôle par renforcements ou punitions et les cognitions concernant la perception des problèmes, de leurs causes et de leurs possibilités de solution. Dans les familles d'adolescents déprimés il est prioritaire d'aider les parents à manifester une attitude positive à l'égard

de l'adolescent en améliorant la communication et en augmentant les renforcements positifs accordés aux comportements adaptés de l'adolescent. Les parents sont sollicités pour jouer le rôle de co-thérapeutes aidant l'adolescent à se réengager dans des activités positives.

On ne dispose pas d'étude systématique des thérapies comportementales familiales dans les dépressions de l'adolescent. Liberman et Eckman (1981) ont comparé l'association des thérapies comportementales individuelles et familiales, à celles des thérapies brèves d'orientation analytique, individuelle et familiale chez des sujets hospitalisés ayant réalisé des tentatives de suicide répétées. Ces sujets étaient tous déprimés et la plupart d'entre eux étaient affectés d'un désordre de la personnalité (histrionique, narcissique, limite, dépendante). Pendant les dix jours d'hospitalisation, chaque groupe était soumis à un total de trente-deux heures de thérapies. Une surveillance de deux ans a fait valoir l'efficacité des deux modes de traitement à l'avantage toutefois des thérapies comportementales multimodales.

IV. — **L'hospitalisation**

L'hospitalisation est rarement indiquée. Elle est nécessaire en cas de mélancolie et de dépression psychotique ou encore en cas de situation de crise avec risque suicidaire. Après une tentative de suicide, une hospitalisation brève donne l'occasion de rencontres répétées permettant d'établir une alliance thérapeutique avec l'adolescent et sa famille qui sera garante de la continuité du traitement. Toutefois cette indication est discutée et Ladame la refuse (1981).

Ailleurs l'hospitalisation doit être évitée, car elle induit une régression « qui n'a malheureusement souvent aucun caractère thérapeutique » (Ladame, 1981), et car elle peut participer à stabiliser la famille dans un fonctionnement pathologique en renforçant l'adolescent dans son rôle de malade (Haley, 1980).

V. — **Les stratégies thérapeutiques**

La stratégie de l'approche thérapeutique des dépressions de l'adolescent reste incertaine. L'absence générale d'études comparatives, de suivis à long terme, laisse le thérapeute hésitant devant la diversité des traitements proposés. Quelques certitudes ressortent toutefois : l'avis d'un spécialiste est toujours requis (Jeammet, 1987). Une combinaison d'interventions individuelles et familiales est toujours nécessaire. Les conditions de vie doivent être modifiées positivement et l'adaptation sociale et scolaire doit être préservée ou restaurée. L'amélioration ou même la rémission des symptômes n'est pas suffisante. Il faut aussi s'assurer que le développement est relancé. Enfin une pharmacothérapie est nécessaire pour les mélancolies, les dépressions psychotiques et les troubles bipolaires avérés.

Les indications de psychothérapies individuelles et familiales restent à préciser. Les psychothérapies analytiques sont habituellement recommandées, leur forme, leur intensité et leur durée dépendant principalement de la psychopathologie associée à la dépression. Pour répondre à la pluralité des déterminismes, une combinaison de traitement est souvent préconisée. La pharmacothérapie devrait être toujours complétée d'une psychothérapie même dans les troubles bipolaires où Kestenbaum et Kron (1987) recommandent de combiner le traitement pharmacologique et une psychothérapie dynamique ou une psychanalyse. Dans la mélancolie, les dépressions psychotiques ou la psychose maniaco-dépressive, elles sont au moins utiles pour corriger l'impact destructeur sur le développement de ces ruptures pathologiques, sinon pour élaborer les conflits qui ont pu participer à leur déterminisme. L'association des psychothérapies analytiques et des thérapies comportementales peut être utile : l'approche comportementale peut aider un adolescent apragmatique à se réengager dans des activités positives ; la participation à un groupe d'entraînement à la communication peut participer à améliorer les relations interpersonnelles.

Enfin peuvent y être associées des rééducations orthophoniques ou psychomotrices en cas de retards spécifiques perturbant l'adaptation scolaire et professionnelle. Dans les familles dysfonctionnelles on peut combiner psychothérapies analytiques et thérapies familiales psychanalytiques. Cependant en raison des ruptures fréquentes, on peut se demander si on ne pourrait pas recourir à des interventions à objectifs plus modestes, comme les thérapies familiales comportementales ou les thérapies systémiques du type de celle proposée par J. Haley. Elles partagent une attitude positive à l'égard de la famille qui, sollicitant ses ressources et renforçant son fonctionnement sain, limitent les résistances et les risques de rupture. Ces approches familiales permettent peut-être plus facilement que l'approche analytique d'obtenir ces modifications des conditions de vie sans lesquelles il peut être aventureux de s'engager dans une thérapie individuelle.

Des études d'évaluations sont nécessaires pour préciser l'indication de ces différentes thérapies et leurs combinaisons possibles.

CONCLUSION

La gravité des dépressions de l'adolescent tient à leurs relations au développement : expression habituelle d'une faille du développement, quelle qu'en soit l'origine, elle peut par son retentissement en aggraver les perturbations et en fixer l'évolution vers une issue définitivement pathologique. La dépression peut renvoyer aux déficiences et aux déviances du développement précoce révélées par les défis de l'adolescence. Si elle peut être liée aux anomalies des relations infantiles, elle témoigne généralement de la pathologie actuelle des relations familiales : la dépression manifeste une crise du développement pour la famille toute entière dont elle exprime la souffrance. Si elle peut avoir une fonction de protection pour l'adolescent et sa famille, rapprochant les parents dans le soutien de l'adolescent, les conséquences en sont souvent négatives, conduisant à une escalade de tension, d'incompréhension et de rejet. Fréquemment méconnue de l'entourage familial et social, la dépression, par les réactions aversives qu'elle suscite et les difficultés d'adaptation qu'elle conditionne, tend à s'aggraver et à se prolonger. La rupture qu'elle provoque peut participer à orienter et à figer le développement dans une organisation pathologique de la personnalité prédisposant éventuellement aux rechutes dépressives ultérieures. Face à la complexité et à l'intrication habituelle des déterminismes, le choix d'une stratégie thérapeutique dépend principalement de l'évaluation du développement de l'adolescent et de sa famille et de leurs interrelations.

L'interaction des déterminismes actuels et passés, inscrite dans le fonctionnement psychique peut suggérer une double intervention familiale et individuelle. Les approches thérapeutiques possibles, leurs modalités, leurs indications et leurs combinaisons restent cependant incertaines et empiriques.

BIBLIOGRAPHIE

Brent D. A., Perper J. A., Goldstein C. E. et coll., Risk factors for adolescent suicide, *Archives of General Psychiatry*, 45, 581-588, 1988.

Chabrol H., Moron P., Depressive disorders in 100 adolescents who attempted suicide, *The American Journal of Psychiatry*, 145, 379, 1988.

Dugas M. (éd.), *La dépression chez l'enfant : Théories et réalités,* Paris, Médecine et enfance, 1985.

Gordon D., Burge D., Hammen C. et coll., Observations of interactions of depressed women with their children, *The American Journal of Psychiatry*, 146, 50-55, 1989.

Haley J., *Leaving home : The therapy of disturbed young people,* New York, McGraw-Hill Book Company, 1981.

Harrington R., Fudge H., Rutter M. et coll., Adult outcomes of childhood and adolescent depression, *Archives of General Psychiatry*, 47, 465-473, 1990.

Hendin H., *Suicide in America,* New York, W. W. Norton & Company, 1982.

Jeammet P., La dépression de l'adolescent, in *Traité de Psychiatrie de l'enfant et de l'adolescent,* Lebovici et coll. (éds.), Paris, PUF, t. II, 305-325, 1985.

Kandel D. B., Davies M., Adult sequelae of adolescent depressive symptoms, *Archives of General Psychiatry,* 43, 255-262, 1986.

Keller M. B., Beardslee W., Lavori P. W. et coll., Course of major depression in non-referred adolescents : a retrospective study, *Journal of Affective Disorders*, 158, 235-243, 1988.

Kestenbaum C. J., Kron L., Psychoanalytic intervention with children and adolescents with affective disorders : A combined treatment approach, *Journal of The American Academy of Psychoanalysis,* 15, 153-174, 1987.

Ladame F. et Jeammet P. (éd.), *La psychiatrie de l'adolescence aujourd'hui*, Paris, PUF, 1986.

Laufer M., Laufer M. E., *Adolescence and developmental breakdown, a psychoanalytic view,* New Haven, Yale University Press, 1984.

Mitchell J., McCauley E., Burke P. M. et coll., Phenomenology of depression in children and adolescents, *Journal of the American Academy of Child and Adolescent Psychiatry*, 27, 12-20, 1988.

Ryan N. D., Puig-Antich J., Ambrosini P. et coll., The Clinical picture of major depression in children and adolescents, *Archives of General Psychiatry,* 44, 851-854, 1987.

Shapiro E. R., Freedman J., Family dynamics of adolescent suicide, in *Adolescent Psychiatry,* Feinstein (éd.), Chicago, The University of Chicago Press, 14, 191-207, 1987.

Weissman M. M., Gammon G. D., John K. et coll., Children of depressed parents, *Archives of General Psychiatry,* 44, 847-853, 1987.

Whitaker A., Johnson J., Shaffer D. et coll., Uncommon troubles in young people : Prevalence estimates of selected psychiatric disorders in a nonreferred adolescent population, *Archives of General Psychiatry*, 47, 487-496, 1990.

TABLE DES MATIÈRES

Imprimé en France
Imprimerie des Presses Universitaires de France
73, avenue Ronsard, 41100 Vendôme
Août 1991 — N° 35 682